初めてのまち
出会いの瞬間
写真・文 椎名 雄

遊人工房

旅の記憶

デスヴァレー（アメリカ）

旅の記憶は、海岸の砂。
灼熱の太陽の下で
ふと、すくい上げた時の痛さに似た熱さは
その時は強く印象に残っているのに
手のひらを大きく広げると、ほとんどの砂がこぼれ落ち
あっという間に、その感触を忘れてしまう。
でも、よく見ると
指と指の間や手のひらの皺の合間に、砂粒が残っていたりする。
それは白い砂屑であったり、キラキラ光る粒だったり……
旅の記憶とは、時の流れに負けず
こぼれ落ちずに残された、そうしたほんの小さな砂粒なのだ。

旅の記憶は、海岸の砂。
そんな砂の感触を思い出しながら
私のこれまでの旅の思い出をひとつひとつたどっていこう。
一粒、一粒、ていねいに拾い上げて。

2017年2月　椎名 堆

膨湖島（台湾）

ザイオン（アメリカ）

ワイキキ・ビーチ
オアフ島（アメリカ）

プナルウ黒砂海岸
ハワイ島（アメリカ）

グアム（アメリカ）

チェファルの 海岸シチリア
（イタリア）

ニースの海岸（フランス）

モン・サン・ミッシェル
（フランス）

インデパン島
（ニュー カレドニア）

アメデ島
（ニュー カレドニア）

カジス海岸（スペイン）

ケープタウン（南アフリカ）

オステンド（ベルギー）

ボンダイ ビーチ
（オーストラリア）

Genève スイス
ジュネーヴ

シヨン城。イギリスの詩人バイロンの長編詩「シヨンの囚人」の舞台として知られている

Hotel de la Paix（レマン湖畔に建つホテルで、昭和天皇が崩御された日に宿泊していたホテル）

昭和天皇崩御を報じた現地の新聞、ル・モンド、ヘラルド・トリビューンなど

Paris フランス
パリ

ノートルダム寺院。セーヌ川に浮かぶシテ島に建つ大聖堂でゴシック建築の最高峰

エッフェル塔。1889年の万博に建てられ、ちょうど100年目なので 100 ans の文字が映されている

ヨーロッパ
1989(昭和64)年1月4日~(平成元年)1月14日

成田 ➡ フランス(パリ) ➡ 西ドイツ(デュッセルドルフ)泊~(ヘンケル社、ハイネの生家)泊~ケルン(大聖堂)~リューデスハイム~フランクフルト ➡ スイス(ジュネーヴ)(シヨン城、レマン湖)泊~モントール~ジュネーヴ ➡ パリ ➡ オランダ(アムステルダム)泊~アムステルダム(運河クルーズ)泊~アイントホーヘン(フィリップ社、アンネフランクハウス)泊~アムステルダム ➡ パリ(第一勧銀パリ支店)泊~(エールフランス社、ギャラリーラファイエット社、ヴェルサイユ宮殿、ノートルダム寺院、ルーヴル美術館、ムーランルージュ)泊~パリ ➡ 成田

新元号「平成」を発表する小渕恵三官房長官

新たな時代「平成」を私はスイスで迎えた!

　人には誰でも、人生で忘れられない旅の思い出がいくつかある。

　いい機会を得たので、それぞれの旅のカットの終わりのこのページに、私にとって宝物のような大切な思い出を記しておこうと思う。

　私を乗せた飛行機は、順調にパリに向かっていた。穏やかな日であった。パリからまだ西ドイツと呼ばれた時代のドイツのデュッセルドルフを巡り、私は3日後、フランクフルトからスイスに入国した。そして、ジュネーヴからレマン湖を観光し、その美しさに魅せられた。

　その翌朝、目覚めて驚いた。レマン湖畔のHOTEL DE LA PAIXでテレビを点けると、日本のニュースがいきなり飛び込んできたからだ。

　日本の昭和天皇が崩御され、当時の小渕幹事長が「平成」と書かれた色紙を差し出している画面であった。その時、私は大変に悲しい知らせを知ると同時に、昭和から平成に変わった大きな時代の境目をスイスで迎えたと思った。1989(平成元)年1月8日のことである。

London イギリス
ロンドン

バッキンガム宮殿の衛兵。熊の毛皮の帽子をかぶっていた

大英博物館のエジプトのミイラ。永遠の生命と来世での復活を信じ、永遠の肉体が必要と考え、70日間かけてミイラを作った。死体を70昼夜かけて天然炭酸ナトリウムに浸し、布で幾重にも巻いて完成

大英博物館は大英帝国最盛期の18世紀から19世紀にかけて世界各国から集めた貴重な発掘物や美術工芸品など約800万点を収蔵する、世界最大級の博物館

ロゼッタストーン。大英博物館の中でも最も有名な展示品、碑文は三つの文字、古代エジプト語の神聖文字、民衆文字、ギリシャ文字で書かれており、ヒエログリフ（古代エジプト文字）解読の基礎になった

Città del Vaticano
ヴァチカン市国

世界遺産 WORLD HERITAGE

サン・ピエトロ大聖堂の内陣はミケランジェロの設計で
クーポラ（大円蓋）から光が降り注ぎ、一層神々しい

ピエタ像はミケランジェロが1499年に完成させたと言われている

Pompei イタリア

ポンペイ

アッボンダンツァ通り。メインストリートで商店街、住宅街、公共の建物が集まっていた。道路も整備され飛び石状の横断道路もある

小噴水の家。優美なニンフの周りに海浜と田舎の家などが描かれた美しい風景があり、外面の壁はすべて凝灰岩からなる幾何学模様で注目に価する

Jungfrau yogh スイス
ユングフラウヨッホ

「乙女」「処女」の意を持つ山、ユングフラウ。アイガー、メンヒとともに「オーバーラント三山」と呼ばれている

瀕死のライオン像。フランス革命の際、パリのチュイルリー宮殿でルイ16世一家を守って亡くなったスイス兵を称え、1821年に造られた

霧の中から突然現れ、あたかもベールをかぶった花嫁のようなシルバーホルン3695m

 スイス
ルツェルン

カペル橋。1333年に造られたヨーロッパ最古の屋根付き
木造橋、橋に隣接して8角形の煉瓦つくりの水の塔がある。
1993年8月火災で焼失し、右はその時の新聞記事（翌年再建）

欧州最古？木の橋焼失

【ジュネーブ18日＝二村克彦】スイス中部の観光都市ルツェルンを象徴するカペル橋で18日未明（日本時間同日朝）、火災が起き同市消防当局によると約９割が焼失した。原因は調査中だが、放火説もでている。同橋は14世紀初めに建造され、ヨーロッパ最古といわれる木製の橋。

登山列車が合流するクライネ・シャイデック駅前広場で、ボディは木製の金管楽器アルプホルンを吹く女性。アルプスの少女ハイジのテーマソングで最初に鳴る低い音の楽器

Madrid スペイン
マドリード

赤いドレスのマルガリータ王女の絵。ディエゴ・ヴェラスケスの作品で西洋絵画史上の傑作（マドリード・プラド美術館）

ヨーロッパ
1990(平成2)年8月26日〜9月5日

成田➡イギリス(ロンドン)泊〜(バッキンガム宮殿、大英博物館)➡フランス(パリ)泊〜(ヴェルサイユ宮殿、ノートルダム寺院、エッフェル塔、凱旋門)泊➡イタリア(ローマ)(コロッセオ、トレビの泉〜サン・ピエトロ寺院)泊〜(ナポリ、ポンペイ、ローマ)泊➡スイス(チューリッヒ)〜(インターラーケン)泊〜(ユングフラウヨッホ)〜(ジュネーヴ)泊➡パリ➡スペイン(マドリード)〜(トレド、グレコの家、サント・トーメ寺院)泊〜(スペイン広場、プラド美術館)泊➡イギリス(ロンドン)➡成田(機中泊)

フラメンコ・ショー。マドリードにて

フラメンコには、音譜がない！

　マドリードに着いた。
　スペインの男女が「オレーッ」とフラメンコを踊って迎えてくれた。そこで知ったのだが、フラメンコという音楽には本来、楽譜というものが存在しない。言い換えれば、メロディの流れやリズムは大切にされるが基本的には、踊りも含めてそれぞれの感情を込めた個人芸である。
　しかも、もともとは流浪の民たちが仲間うちの喜びや悲しみの集いで歌い、踊った。伴奏も最初はギターなどなかった。だから、人々は手拍子を打ち、指を鳴らし、かけ声をかけて、歌や踊りを盛り上げた。女たちは、裸足でスカートの黒い裾を振り回しながら、荒野の土ぼこりのなかで踊っていた。それがスペインの人たちに認められ、いまではスペインの美しい民族舞踊になっている。
　「ビエン・ベニード」と、彼らは踊りながら、大きな声で叫んだ。
　BIEN VENIDO とは、英語のWELCOMEだった。

Sydney
シドニー
オーストラリア

シドニー湾クルーズで上陸して接写したオペラハウス

ハーバーブリッジ

オペラハウスと高層ビル群

Gold Coast オーストラリア
ゴールドコースト

シーワールドの水上スキーは見事

クーラルビンゴルフ場、アクティビティ施設が充実しているリゾート

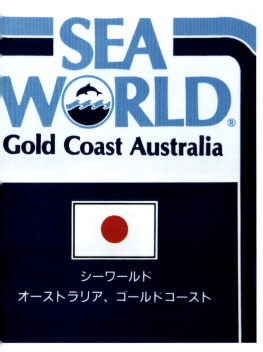

シーワールド。ゴールドコーストの
テーマパーク

ローンパインコアラ保護区のコアラ

オーストラリア
1993(平成4)年4月30日〜5月5日

成田 ➡ オーストラリア(ケアンズ)泊〜シドニー(オペラハウス、シドニー湾クルーズ)泊〜ブリスベーン(ローンパインコアラ保護区、マウントクーサ展望台)〜クーラルビンリゾート泊〜(乗馬、ゴルフ)泊〜ゴールドコースト(シーワールド、カランビン野鳥園、サーファーパラダイス)〜クーラルビン泊〜ブリスベーン ➡ 成田

カランビン・ワイルドライフ・サンクチュアリーにて

グッバイ、ハンサム・ボーイ

　ゴールドコーストに着いた。

　オーストラリア最大の観光保養地ゴールドコーストはクイーンズランド州にある大きな都市だ。

　季節は秋。空気が澄んで気持ちがいい。

　海岸線を歩くのもいいが、小動物や鳥たちと出会う旅もおもしろいと思い、「カランビン・ワイルドライフ・サンクチュアリー」を訪れた。

　ここでは開門後と閉門の間際の2回、レインボー・ロッキート(ゴシキセイカインコ)の餌づけを行われていた。

　ふと見ると、餌を持った少年のまわりにたくさんのインコ。

　私は思わずシャッターを切った。

　なんだか、心がやさしくなれた。いつまでも見ていたい。だが、時間が来た。私はその少年に別れを告げた。

　「グッバイ、ハンサム・ボーイ！」

香港
ホンコン

香港のまち。上空より。この時代の香港空港はまちの中。
無事着陸できることを祈った

深圳 中国
シンセン

ミニチャイナ（錦繡中華）

成吉思汗陵。内モンゴルの「ジンギスカン廟」

澳门
マカオ

世界遺産 WORLD HERITAGE

セントポール大聖堂。1835年に火災でドームは焼失、今はファザードだけが残っているが、その美しさ、神々しさは変わっていない

フリーマーケットでは生きたままの鶏、肉、魚など何でもある。魚の頭が並べられていたのにはびっくり

香港・マカオ・深圳
1993(平成4)年10月6日〜10月9日

成田 ➡ 香港(九龍半島観光、香港の夜景)泊〜(日興アジア、ノベィテブ社) ➡ ジェットホイルでマカオ ➡ 香港泊〜(深圳地区、ミニチャイナ)〜香港泊 ➡ 成田

結婚式のパレード。深圳にて

結婚、おめでとう

　深圳を旅している途中で、華やかなパレードに出会った。

　神社か寺院の祭礼かと、ふと思った。

　聞けば、結婚式のようだ。早速、カメラを構えた。

　私は、世界中を旅していて、結婚式に遭遇すると、必ずと言っていいほどシャッターをきる。すると、カメラに気づいた新郎新婦は、満面の笑顔で、見ず知らずの異邦人の私に手をあげてくれる。

　不思議なことに、どこの国の結婚式でも注意されたことも、撮影を拒否されたことはない。祝福に、拒否はないのだ。

　この日の新郎新婦は、大きな櫓の上に乗っていた。そして、友人たちだろうか、若者たちがその櫓をうれしそうに、そして誇らしげに担ぎ、行進していった。

　よく晴れた日。

　二人のこれからの人生に幸あれ。

阿里山 台湾
アリサン

阿里山森林鉄道。祝山のご来光を見に行く人々、世界三大登山鉄道のひとつ

水里蛇窯。台湾最古の蛇窯で働く女性

蛇窯で働くベテラン職人

台湾
1994(平成6)年2月23日～27日
成田 ⇨ 台湾(台北)泊～(阿里山森林鉄道で祝山観日台、玉山国立公園)泊～(ワサビ田、水里蛇窯見学)～台北泊(故宮博物院) ⇨ 羽田出～(阿里山森林遊楽区、姉妹潭)泊～

霧の中の阿里山森林鉄道

なんだ坂、こんな坂。火車が登る

　阿里山森林鉄道に乗車した。
　もともとは日本統治時代に、阿里山の豊富な森林資源の輸送を目的として敷設された鉄道だが、なにしろ海抜30ｍの嘉義から2190ｍの阿里山まで直接行こうというのだから大変だ。
　一気に200ｍの高度を登る3重のスパイラル線や4度のスイッチバックを繰り返しながら、汽車は走る。嘉義駅から終点まで時速わずか20キロだから、所要時間は3時間30分。東京で新幹線に乗っていたら、とっくに新大阪を過ぎている。だが、このゆっくり感がいい。
　それにしても渓谷を見下ろす車窓は雄大だ。
　赤い車体に白いラインが印象的な車両は、ディーゼル機関車に引かれて登る。登る。また、登る。思わず「がんばれ」と叫びたくなった。
　中国語で、列車のことを「火車」と呼ぶが、まさにこの阿里山森林鉄道にふさわしい名称だ。

Queenstown ニュージーランド
クイーンズタウン

ロトルア湖のレイクランド・クイーン号で
ロマンテックディナークルーズ時の夕景

初めて見たバンジージャンプ。その後日本でも各地で行われるようになった

羊飼いの教会よりテカポ湖を望む

サザンアルプス飛行。気流の状況が悪く上下にかなり揺れ、シャッターを切るのに苦労した

ミルフォード・サウンドクルーズ、イギリス・ノーベル賞作家ラドヤード・キップリングが「世界8番目の不思議」と記述したミルフォード・サウンドは遠い昔に氷河が削ったフィヨルド地形で別名ピオピオタヒ「一羽のツグミ」と呼ばれる

Christchurch ニュージーランド
クライストチャーチ

クライストチャーチ郊外のハグレー公園。
あまりにも大きな公園で最後はハグレてしまった

ニュージーランド南島を横断するトランツ・アルパイン号は世界でも有数の観光鉄道

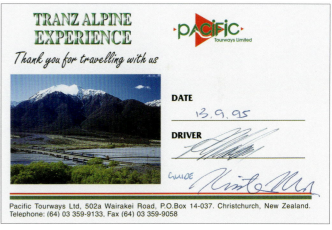

トランツ・アルパイン号乗車証明書。乗車記念に証明書を発行してくれた

サイン・オブ・ザ・タカへ。日本では宅間伸と賀来千賀子が結婚式を挙げたことで有名に

追憶の橋。第一次大戦でこの橋を渡って戦場へ行き、命を落とした多くの兵士たちを追悼して造られた

ニュージーランド
1994(平成6)年4月29日〜5月7日

成田➡ニュージーランド(オークランド)機中泊〜クライストチャーチ(カンタベリー大学、モナベール川、サイン・オブ・タカへ、大聖堂)泊〜(ハグレー公園サイクリング、追憶の橋)泊〜(テカポ湖、マウント・クック)〜クイーンズタウン泊〜(ミルフォードサウンド遊覧、遊覧飛行)泊〜(アーンスロー号でワカテプ湖クルーズ、アロータウン博物館)泊〜クライストチャーチ〜オークランド(戦争記念博物館、タマキ・ドライブ)泊〜(レインボースプリングス、羊ショー、ロトルア湖クルーズ、ロトルア間欠泉、ワイトモの土ホタル洞窟)泊〜オークランド➡成田

羊が一頭、羊が二頭…

動物優先。心あったか、ニュージーランド

　車がゆっくりと停車した。
　運転手は、こちらを見て、両手を挙げ、「お手上げ」のポーズをとり、私たちにいたずら坊主のような顔を見せた。
　(何があったんだ？)
　(パンクでもしたのかな？)
　そう思って、フロントグラスの先を見て、納得がいった。
　羊飼いに連れられた羊の群れが、幹線道路を封鎖してしまっているのだ。
　聞けば、ニュージーランドで羊が一番多かった1982年には、人口320万人に対し、約7000万頭の羊がいたそうだ。国民ひとり当たり22頭がいたわけだから、車が羊に囲まれてもしかたがない。
　羊にかぎらず、ニュージーランドの交通規則では、動物が優先とのこと。羊の瞳のような、やさしい国だ、と思った。

北京 中国
ペキン

鍍金銅缸はそれぞれ金を百両使ってメッキしたもの。缸(こう)とは1斗入る大甕(カメ)のこと。1900年に8か国連合軍が北京に侵入し、その金を削りとられ、今でもその傷跡がはっきり残っている

世界遺産 WORLD HERITAGE

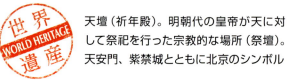

天壇（祈年殿）。明朝代の皇帝が天に対して祭祀を行った宗教的な場所（祭壇）。天安門、紫禁城とともに北京のシンボル

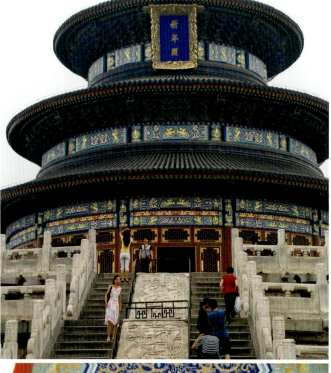

祈年殿の内部。25本の柱に支えられる祭壇で現存する中国最大の祭壇

故宮太和殿。中国における現存する最大の木造建築で、9頭の竜が彫刻されたクスノキ製の玉座がある

八达岭 中国
ハッタツレイ

男坂

万里の長城。以前は男坂がメインだったが、坂がきついため近年はほとんど女坂を登る

西安 中国
セイアン

西安。野外学習の子供たち

西安のホテルからの朝日

上海 中国
シャンハイ

上海のタワー

中国
1995(平成7)年10月12日～18日

成田 ⇨ 中国(北京)(故宮博物院)泊～(国家医薬管理局～日中友好病院)泊～(明の十三陵、天壇、万里の長城)泊～西安(城壁、西安ヤンセン)泊～(兵馬俑博物館、華清池、大雁塔)泊～上海(上海市医薬有限公司、上海禾豊製薬有限公司、第一医薬商店)泊 ⇨ 成田

北京の朝

いつも賑やかな、中国の朝

中国を旅していて、いつも驚かされるのは、人の多いこと。

もちろん、万里の長城などの観光地は大変な人の波で、何度も人とぶつかった経験をお持ちの方も多いと思う。どこに行っても人が多いということは、言い換えれば、それだけ賑やかだということである。

特に、早朝から騒々しいのは、中国の特徴かもしれない。

なぜ、賑やかなのか。それは、朝食を外で食べる人が多いからだ。

包子、ワンタン、焼売、粥、油条(揚げパン)、豆乳……

朝早く家を出て、町の中の屋台や食堂で朝食を食べ、そのまま学校や会社に出かける人が多いと聞いた。

通学や通勤をしない老人や婦人たちは、食事のあと、ダンスや太極拳をみんなで楽しむ。

「朝食は豪華に食べ、昼食はおなか一杯に食べ、夕食だけは控えめに」

中国の食に関することわざだそうだ。

O'ahu アメリカ
オアフ島

カメハメハ大王はハワイ諸島を初めて統一して1810年にハワイ王国を建国し初代国王となった

ハナウマ湾。ハワイ語で「曲がった砂浜の湾」死火山の噴火口に海水が流れ込み、浸食してできた馬蹄形の入江

モンキーポッド。モアナルア・ガーデンにある「この木 なんの木、気になる木」(アメリカネムノキ)「日立の樹」直径7m、高さ25m、幅40m

Island of Hawai'i アメリカ
ハワイ島

世界遺産 WORLD HERITAGE

ハワイ島のキラウエア火山の噴火後の火口

ハワイ島の忘れ得ぬ日没

Kaua‘i アメリカ
カウアイ島

ワイメア渓谷。カウアイ島のグランドキャニオンと言われている

ハワイ
1998(平成10)年7月3日～8日

成田 ➡ ハワイ(ホノルル)～ハワイ島(コナ)泊～(パーカー牧場、ヒロ、虹の滝、ボルケーノ国立公園、プナルウ黒砂海岸)泊～(ホノルル)泊～(司法博物館、ヌアノパリ、モアナルアガーデン、パールハーバー、サンセット・ディナークルーズ)泊 ➡ 成田(機中泊)

ハワイ州の州鳥「ネネ」

「ねえ、ねえ」と話しかける鳥の話をしよう

ハワイ島のキラウエア周辺を散策している時、番(つが)いの珍しい鳥に出会った。

絶好のシャッターチャンス。普通なら、撮影の準備に入ろうとすると、だいたい、ほとんどの鳥はバタバタと飛んで逃げてしまうのだが、この鳥は、世界的観光地ハワイの鳥らしく、人なつっこいようだ。

何の鳥か、ガイドに聞いた。

1949年にハワイ州の州鳥に指定された鳥、ネネだそうだ。

体長は55cmから75cm。体重は約2キロ。

このネネ、もともと雁の仲間だが、渡り鳥としての性格も退化。だが、群れて空を舞う時だけは、逆V字飛行をするという。

それにしても、ネネとは珍しい名前だが、由来は意外にも単純で、「ネー、ネー」と啼くからだと教えてくれた。

もちろん、豊臣秀吉とは、なんの関係もない。

花蓮 台湾
カレン

一対の白いオブジェ。詳細不明

太魯閣渓谷。立霧渓が大理石の岩盤を侵食して形成された大渓谷。岩を刳り貫いた厳しい道路

三仙台 台湾
サンセンダイ

三仙台。袴海人行橋、台東市の巨大な三つの岩が並ぶ名所、東部海岸国家風景区

台湾山中での神との不思議な出会い

台湾
1999(平成11)年6月11日～15日
成田 ➡ 台北(泊)～(陳氏の病院訪問、台北市立美術館)泊～松山空港～花蓮(太魯閣、アミ族文化村ショー)泊～東海岸、八仙洞、三仙台、台東空港～台北(泊) ➡ 成田

台北・忠烈祠前にて

高身長、容姿端麗、成績優秀、若き兵士の行進

カッ、カッ、カッ、カッ……。

石畳の上の軍靴の響きが、腹の底に伝わってくる。

カシャーン、カシャーン、カシャカシャ……。

重い銃を高く掲げたり、バトンのようにクルクル回したり。

台北を訪れた人は一度は必ず見る「衛兵交代式」。国のために戦没した33万人の英霊たちが祀られている「忠烈祠」の前で行われるセレモニー。

陸・海・空軍より選抜された高身長、容姿端麗、成績優秀という三拍子揃った兵士たちの行進に、観光客はシャッターをきり続けていた。

ガイドの説明によれば、この任務につくと、彼らは1時間微動だにせず、また瞬きもしない訓練をするそうだ。

この日も、交代式は朝9時から行われ、兵士たちは私のカメラの前を凛々しく通り過ぎていった。

Fairbanks アメリカ
フェアバンクス

フェアバンクスからチナ温泉に向かう道路

オーロラを一回も見られずに帰る飛行機の中から見えた瞬間。
機内から撮った貴重な一コマ

アラスカ
2000(平成12)年1月21日～26日

成田 ⇨ アメリカ(シアトル) ⇨ アラスカ(フェアバンクス～チナ温泉)泊～(犬ゾリ、温水プール、オーロラ撮影)泊～(冬景色、スノーモービル、オーロラ撮影)泊 ⇨ フェアバンクス泊 ⇨ アメリカ(シアトル) ⇨ 成田(機中泊)

ゴールドラッシュ時にたまたま発見されたチナ温泉は現在湯治や静養、レジャー等で賑わっている

極北のアラスカの温泉に入った！

オーロラを見たかった。

聞けば、アラスカのチナ温泉リゾートに行けば、見られるかもしれないという。善は急げだ。私は早速、フェアバンクスに飛んだ。

チナ温泉リゾートは、アラスカで唯一、一年間を通して営業している温泉リゾート。

100年前にあったアラスカ・ゴールドラッシュ時代に発見されてから、世界中の人々の湯治や静養、そして冬のオーロラ鑑賞などの目的で使われてきた。

フェアバンクスから雪と氷の一本道を約100km走ってようやくたどりついた。まわりには、まったくといっていいほど人家がないどころか、この地には電気、水道、電話線といった公共の設備はまるでない。このリゾートが自ら自家発電をして、設備を保っていた。

3日間泊まった。だが、オーロラはまだ見られなかった。

सस्याङ्बोचे ネパール

शャンボチェ

世界遺産 WORLD HERITAGE

ホテル・エベレストビューから見たエベレスト8848m

シャンボチェの丘3650mより、真ん中に白く横に見えているのがホテル・エベレストビュー。(1971年に宮原巍さんが建設) 奥にエベレスト8848m

दामन ネパール
ダマン

山村の小学校の全員と懇親を深めた後の記念撮影

山村の小学校生徒との記念撮影。この撮影の前に、持参した文房具で絵を描いたり、折り紙を楽しんだりした。その時、お礼だと言って、女の子がシャクナゲの花をとって、ひとりひとりの胸につけてくれた。デレイラムロ（楽しかった）！

ダマン峠の道端でお弁当を食べながらピーナッツを売っていた老婆

ネパール
2000(平成12)年2月2日～9日

成田 ➡ 関空 ➡ ネパール(カトマンズ)泊～シャンボチェ泊～(エベレストの山々撮影、クムジュン村)泊～(ナムチャバザール)泊～カトマンズ～ダマン泊～ダマン峠泊～ネパール(カトマンズ) ➡ 関空 ➡ 羽田(機中泊)

ダマン峠にて

お姉ちゃん、これ、食べていい？

ネパールの山村で、ある姉妹に会った。

早朝だったから、まだ寒かった。

「ナマステ(こんにちは)」と、声をかけて近寄ると、お姉ちゃんのほうが薄着のためか、ブルブル震えていた。

一緒にいた仲間が、たまたま持っていたバスタオルを取り出し、彼女の腰に巻いてあげ、ふたりにお菓子もあげた。

「ダンネバード(ありがとう)」

姉が恥ずかしそうにそう言った。すると妹が姉を見上げて、何か言った。姉は、笑って、うなづいた。妹がなんと言ったかわからない。

「お姉ちゃん、これ、食べていい？」

妹はきっと姉にそう言ったにちがいない、と思った。

私は、そのとき、満足にお菓子など食べられなかった子供の頃を思い出していた。

澎湖島 台湾
ホウコトウ

荒波の中を走る快速船。今にも沈没してしまうのではないかと恐怖の航海

澎湖島の古い建物の民家。かなり壊れかかっているが、当時は立派な石造りの住宅だった

双心石滬。満潮時にえさを食べに来た魚を干潮になってその罠の中に閉じ込めて捕獲する仕掛け。石滬(シーフー)という

柱状玄武岩。玄武岩の柱状節理、人物と比較すると大きさが分かる

台湾
2000(平成12)年3月26日〜31日

成田 ⇒ 台湾(台北)泊〜(龍山寺、中正記念堂、国父記念館)泊〜松山空港〜澎湖島馬公空港(水族館、西台古保、西嶋灯台)泊〜快速船で七美島、望安島、虎井島、桶盤島、馬公空港〜松山空港〜台北泊〜(故宮博物院)泊 ⇒ 成田

その昔、投身自殺をした女性の塚があった

中国の歴史をたどる群島への旅

　台湾の友人が膨湖群島への旅を計画してくださった。

　かつて訪れた台湾は、阿里山森林鉄道をはじめ、山奥への旅であった。

　今回は海の旅。台北松山空港から国内線で馬公空港まで、わずか40分から50分で、膨湖島に着いた。

　この島は、台湾本島より中国大陸に近い。したがって、清朝の時代から、大陸との交通の要衝であり、また軍事拠点として重要な地位を占めてきた。だから、エリア内には、古跡がたくさん残されていた。

　七美島へは馬公空港から快速船で1時間。

　台湾海峡の荒波にもまれて、生きた心地がしなかった。

　今回の旅の目的のひとつでもあった台湾の海を見たいと船に乗ったものの、つらい思い出が残った。

　旅に強がりは禁物だ。

世界に誇る音楽の都、ウィーン。
観光コースをはずれて、市民の街に迷い込んだ

ベルヴェデーレ宮殿の門。ベルヴェデーレとは「美しい眺め」の意、今は美術館

ホーフブルク宮殿。ハプスブルク家の王宮だったが、現在はオーストリアの連邦大統領の公邸

Praha チェコ
プラハ

カレル橋の両側に多数の彫像がある。最も古いのがキリスト十字架像で、この反対側には突起部があって処刑場となっていた

デーン教会。旧市街地広場に位置し、80mの高さを誇る二本の塔がひときわ目を引く教会。ゴシック様式のアーケードとルネッサンス様式の美しい飾り屋根を持っている

毎時刻になると小窓の人形仕掛けを見るために大勢の人が集まる。この天文時計は文字盤の中心に地球が画かれ、その周りを太陽が回る、これは天動説に基づいている

Bratislava スロバキア
ブラチスラヴァ

まちでは愛する二人がポーズしてくれた

私たちは昔、「チェコスロバキア」と習った。
チェコとスロバキアのふたつの国になった。
ここはスロバキア。歴史を感じる夕映えのまち

Budapest ハンガリー
ブダペスト

ブダペストの夜景。ヨーロッパ随一といわれ、特にブダとペストを結ぶドナウ川に架かるくさり橋（セーチェーニのくさり橋）の夜景は世界でも有名

マーチャーシュ教会。正式名称は「聖母マリア聖堂」。
ダイヤモンド模様の瓦屋根は必見

東欧4か国（オーストリア、チェコ、スロバキア、ハンガリー）
2000(平成12)年5月8日〜15日

成田 ➡ オーストリア（ウィーン）➡ チェコ（プラハ）泊〜（プラハ城、カレル橋、ボヘミア古城）泊➡ オーストリア（ウィーン）（シェーンブルン宮殿、ベルヴェデーレ宮殿、王宮）泊〜（ザルツブルグ・ザルツカンマーグート）泊➡ スロバキア（プラチスラバ）（プラチスラバ城、旧市街）➡ ハンガリー（ブダペスト）泊〜（マーチャーシュ教会、漁夫の砦、市内、ドナウベント、ゲレルートの丘、ジプシーショーディナー）泊➡ オーストリア（ウィーン）➡ 成田（機中泊）

ウィーンにて

学生時代

　海外を旅していると、よくそのまちの学生たちに出会う。

　誰もがのびのびとしていて、とても楽しそうだ。

　私にも、一応、学生時代はあった。だが、縁があって、渋沢敬三先生の書生として、渋沢家に住まわせていただいていた。書生という言葉は、もう死語かもしれない。篤志家のご厄介になり、その家に住まわせていただき、そこから学校に通い、家に戻れば、その家の手伝いやご主人のお供をしながら、学生生活を送る学生を書生と呼ぶ。

　だから、私は、授業が終われば一目散に渋沢先生の家に戻り、来客の世話をはじめ、先生の付人として馳せ参じるのだった。となれば、友人との語らいもなければ、もちろん恋もなかった。

　だが、いま、私は青春のど真ん中にいる。心がキラキラ輝いている。私の前にいる学生たちに言っておこう。本当の青春は、つらかった人生の終わりにやって来るものなのだと。

제주 韓国
チェジュ

天地淵（チョンジョン）を散歩する新婚の二人

旅の途中で出会った不思議な像の群れ。
気づくと島の各地にあった

噴火で流失した溶岩で奇岩が多く豊かな自然を作り上げている。漢拏山（ハルラサン）の名は天の川に手の届くほど高い山というところから来ている

龍頭岩。このような岩が至るところで見受けられた

韓国

2000(平成12)年5月30日〜6月2日

成田 ⇨ 韓国(済州島)泊〜島内観光(竜頭岩、三姓穴、城邑民俗村、正房瀑布)泊〜(中文カントリー)泊〜韓国(済州島) ⇨ 成田

門扉。家には門はなく三本の丸太を渡して仕切りをしている。近所に出かけるときは一本だけ渡し、不在の時は三本渡して不在を表す

おーい、大丈夫ですかあ

　韓国済州島は、別名「三無島」とも呼ばれている。

　泥棒がいない。物乞いがいない。家に門がない、ということで「三無島」だ。

　しかし、ふと見ると、家の前に門のような石柱が両側に立ち、穴が三つ開いている。

　そして、その穴を通すように、三本の横木が置かれてある。

　これは、なんだ？

　好奇心旺盛な私は不思議に思って、ガイドに聞いてみた。

　「これは、『ここからなかは私の家ですよ』いう仕切りです。ここの家の人が一本の横木を渡したら、『近所に行っています』という合図で、三本渡してあれば、『しばらく留守にします』という印です」

　なるほど、空き巣がいたら、いつでも入れる。

　「おーい、大丈夫ですかあ」と思わず叫びたくなってしまった。

Guam アメリカ
グアム

珍しく静かな朝。
波の音だけが旅人を迎えてくれていた

グアム
2003（平成15）年11月23日～26日

成田 ⇒ グアム泊～マンギラオゴルフクラブで練習ラウンド泊～コンペ泊 ⇒ 成田

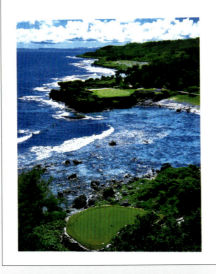

マンギラオゴルフ場。海越えの12番ショートホールは名物ホール、海風が強くワンオンが大変難しく海ポチャ続出

海越えショートホールで、ワン・オン

　海外旅行のなかには、仲間とゴルフを行うこともある。

　海外のコースで、ワイワイ言いながら回るのも、実に楽しい。

　グアムにもゴルフで行った。

　特に、マンギラオゴルフクラブは最高だ。雄大な太平洋を望むシーサイドコースで、潮風と相まって実に気持ちがいい。

　そのなかでも、海越えの12番ショートホール。

　初心者は、何度打っても、ボールははるか眼下の青い海原に池ポチャならぬ、海ポチャである。

　私も思い切り打った。

　ボールがマリアナ諸島の青い空に向かって飛んで行く。

　「乗れーッ」と思わず叫んだ。どうだ？

　私の打ったボールは、海の向こうのグリーンにワン・オンした。

　ああ、これがあるから、海外旅行もゴルフもやめられそうもない。

काठमाडौं ネパール
カトマンズ

「グッドモーニング！」。
すれちがった若者はそう言って、ほほえんだ。

サランコットの丘 1592 m より。朝日を浴びたアンナプルナサウス 7219 m

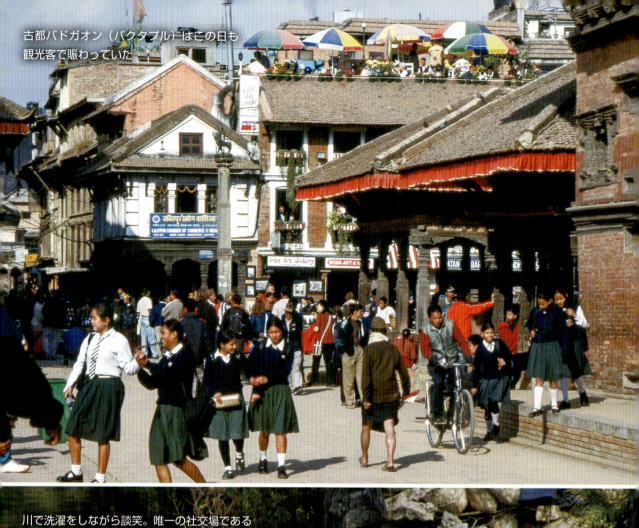

古都バドガオン（バクタプル）はこの日も観光客で賑わっていた

川で洗濯をしながら談笑。唯一の社交場である

きちんと石垣で区画され樹木も配置された畑で家族総出で作業中。なにを作付けしているのだろう

大丈夫？
洗濯ものを土手に並べて干している珍しい風景

ネパール
2003(平成15)年11月30日～12月9日

羽田 ⇨ 関空泊 ⇨ タイ(バンコク)泊 ⇨ ネパール(カトマンズ)～ナガルコット泊～(ヒマラヤ連邦、農村風景、山岳風景撮影)～カトマンズ(農村風景、マナスル)～ポカラ泊～ジョムソン(アンナプルナ連邦、山岳風景)泊～(生活風景、山岳風景、満天の星撮影)泊～ポカラ(サランコットの丘で農村風景、アンナプルナ山群、ペワ湖)泊～(ノーダラの丘)～カトマンズ(市内、目玉寺院、旧王宮広場)泊～(バドガオン)～ネパール(カトマンズ) ⇨ 関空 ～伊丹～羽田

ポカラにて

あえて、ネパールの女性の話をしよう

　ガイドを含めて、ネパール人たちが「ネパールの女性」について私たちに話してくれた。

　もちろん、人それぞれだが、一般にネパールの女性は、おしとやかで物静かだが、いざという時には男性が顔負けするほど、強く、困難に立ち向かうたくましさが、特徴だそうだ。

　そして、ネパールの女性は宗教的影響からか、早婚が多く、それもお見合い結婚が圧倒的。ただし、女性が選ぶ相手は、容姿や学歴とは無関係に、この男が将来、自分や家族のために働く能力があるかどうかの一点で決めるといいます。

　その意味では、ネパールには「恋の暴走」という言葉はない。

　写真の男たちは、そんなネパールの女性に選ばれたのか、それとも外されたのだろうか。

　彼らは何も知らずに、私のレンズを見ていた。

اسلام آباد パキスタン
イスラマバード

カラコルム・ハイウェイを走るデコトラ。派手さを競い多額のお金をかけて改造している

姉弟だろうか。朝早く高い丘の上から我々を見てほほえんだ

ہنزہ パキスタン
フンザ

カラコルム・ハイウェイから対岸の山の中腹を見ると細い道が見られる。
これはかつてのシルクロードとして使われていた道

杏の花が咲いている小道を
一人の老人が下りてきた

パキスタン北方のまちチラスの岩絵。かつて
シルクロードを行き来する多くの人たちに
とって落石やがけ崩れなどで命を落とした旅
人の鎮魂の祈りを含んで描かれたもの

パキスタン
2004(平成16)年4月5日～12日

成田 ⇨ 中国(北京) ⇨ パキスタン(イスラマバード)泊～ベシャム(農村風景撮影)～チラス泊～フンザ(桃源郷、ナンガパルバット、カラボシ山撮影)泊～(デイルカル展望台、グルミット村、パスー村、パスー氷河)泊～(フンザ撮影)泊～チラス(チラスの岩絵、村々を撮影)～ベシャム泊～タキシラ(博物館)～パキスタン(イスラマバード) ⇨ 成田(機中泊)

デジタルカメラのモニターの画面を見て興味深そうな現地の青年たち

デジタルカメラは、特効薬

　私は、この年で、パソコンもいじれるし、もちろん、写真に関しても高性能のデジタルカメラを使用している。

　この写真集を作成するにあたっても、パソコンのデータ処理ができなければ、いつになっても編集段階に進まなかっただろう。

　それにしても、便利な時代になった。

　海外旅行をしていて、それを痛切に感じるのは、撮影後、デジタルカメラで撮影した写真をもう一度、相手に見せられることだ。

　先進国ではもう当たり前になっているかもしれないが、パキスタンではとても驚かれ、喜ばれた。

　カシャッとシャッターをきると、すぐに私たちのもとに被写体になってくれた人たちが集まってくる。そして、歓声が上がる。

　言葉は通じなくても、デジタルカメラの映像は、まさにコミュニケーションの特効薬だ。

Toronro カナダ
トロント

アメリカ滝は展望台があって下まで降りられる

夜のイルミネーションに浮かぶアメリカ滝。赤や青のいろいろな色に変化する

テーブルロックからのカナダ滝。夕日で空が赤く染まった

展望台からのローレンシャン高原の紅葉。メープル街道のハイライト

Montréal カナダ
モントリオール

海外では街を歩くと時々だまし絵を見ることができる

ノートルダム大聖堂はネオゴシック様式の建物で内部の装飾やステンドグラスが素晴らしい、青と金色に輝く幻想的な装飾は訪れた人々や巡礼者を魅了させる

サウンド・オブ・ミュージックで有名なトラップ一家
7人姉弟の次女が経営しているロッジ

カナダ
2004(平成16)年6月3日～10日

成田⇒カナダ(ヴァンクーヴァー)(クイーンエリザベス公園、スタンレーパーク)泊～(ヴィクトリア、ヴァンクーヴァー)泊～カルガリー(バンフ観光)泊～(モレーン湖、レイクルイーズ、コロンビア大氷原、ボウ湖)泊～トロント泊～(テーブルロック、ナイアガラ霧の乙女号、花時計、オンタリオ州議事堂)泊⇒成田(機中泊)

迫力抜群のナイアガラ観光

ナイアガラ殺人事件

　はるか昔、1953(昭和28)年に公開された「ナイアガラ」というアメリカ映画をご存じだろうか。
　あのマリリンモンローが主演したサスペンス・ドラマだ。
　いつも肌を露出させ、モンローウオークで歩きまわる派手好きな妻が、ナイアガラの滝の観光旅行中に夫を殺すという話。滝の水に打たれながら、愛人と激しいキスをするモンロー……。
　いや、そんなことはもはや思い出の彼方。
　この日はナイアガラを遊覧する観光船で、滝の水煙が巻き上がる滝つぼまで行った。青や黄色のビニール・ポンチョを着ているが、激しい水量でびしょ濡れである。この船、名を「霧の乙女号」と言う。
　しかし、この迫力は一生の思い出だった。
　マリリンモンローなら、この滝に負けない迫力だったかもしれない。アメリカが、いい時代でもあった。

Tasmania オーストラリア
タスマニア

ウォンバット。アボリジニの言葉で「平たい鼻」を意味する動物で、尾はほとんどない

ワラビー。カンガルーよりも小さな種で後ろ足が小さく尾が短い

秋で牧草が刈られ多くの牧草ロールが見られた

世界遺産のタスマニア原生雨林は自然保護区になっている。カンブリア紀（約5億年前）にできた岩や樹木が自然のままになっているので、カビが生えてそれが綺麗な模様になっている

オーストラリア（タスマニア島）
2005(平成17)年1月25日〜31日

成田 ⇨ オーストラリア（メルボルン）機中泊〜ホバート泊〜スワンシー〜ロス〜ロンセストン泊〜（カタラクト渓谷、クレイドルマウンテン国立公園）泊〜（マウントフィールド国立公園，ダーウエント渓谷）〜ホバート泊〜（リッチモンド）〜メルボルン〜シドニー ⇨ 成田（機中泊）

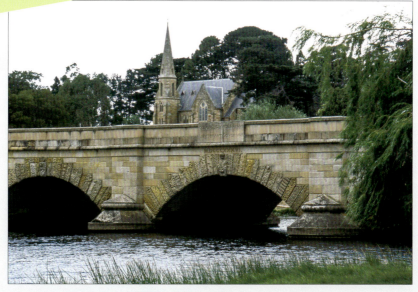

オーストラリア最古の石造りの橋（リッチモンド・ブリッジ）

アボリジニはどこに消えた？

オーストラリアの南、タスマニア島にやってきた。

かつて、この島にはアボリジニ（原住民）が住んでいた。だが、アメリカ・インディアンが騎兵隊に追われたごとく、アボリジニ達はほかの島に移住させられたかで、激減した。

なぜ、オーストラリアはこの島が必要だったのか。それは、流刑の島にしたかったのだ。1803年シドニーから最初の移民がやってきた。彼らは多くの囚人と看守であった。

したがって、この島の建物や道路は、囚人たちの手によって造られたものだ。

大草原とアボリジニ、古い建物と囚人。歴史が静かに私たちに何かを語りかけている。

ちなみに、タスマニアとは、この島を最初に発見したオランダ人探検家アバル・タスマンの名前に由来している。

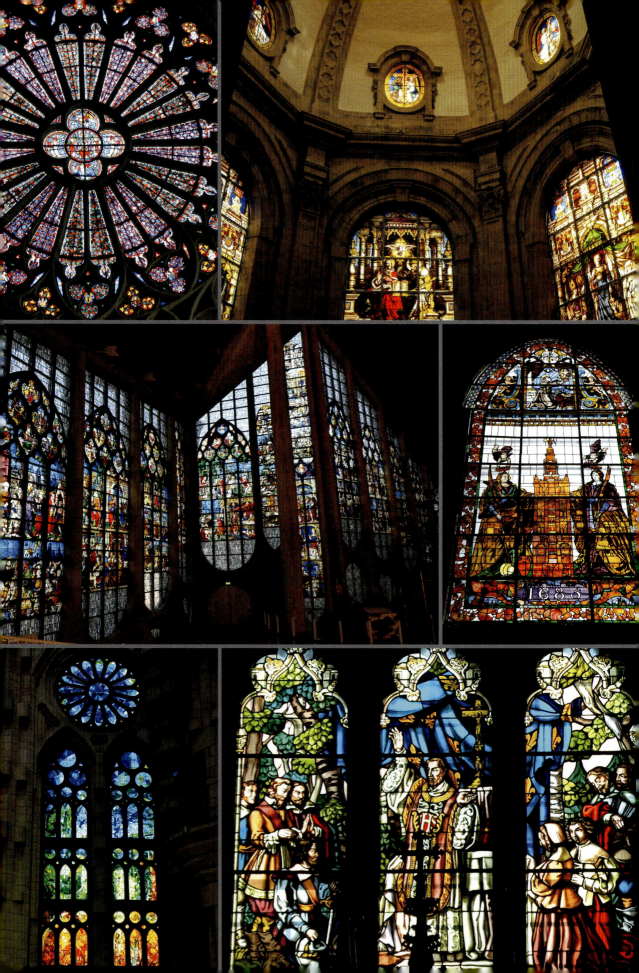

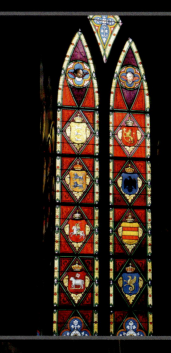

Città del Vaticano
ヴァチカン市国

ヴァチカン美術館の地図ギャラリーの壁には16世紀に教王グレコリウス13世が描かせたイタリア各地の地図40点がフレスコ画で描かれている

教王交代の儀式を間近に各国の信者が列をなして訪れていた

ヴァチカン美術館壁画。すべての人はイエスの僕(しもべ)であることを指示している場面(上)

大聖堂の身廊の丸屋根の下の円環部分。「あなたはペテロである、私はこの岩の上に私の教会を建てよう。そしてあなたに天の王国の鍵を授けよう」とラテン語の金文字がモザイクで書かれている(下左)

教王ベネディクト16世が辞任したため226代教王にアルゼンチン出身のフランシスコが選出された(下右)

Alberobello イタリア
アルベロベッロ

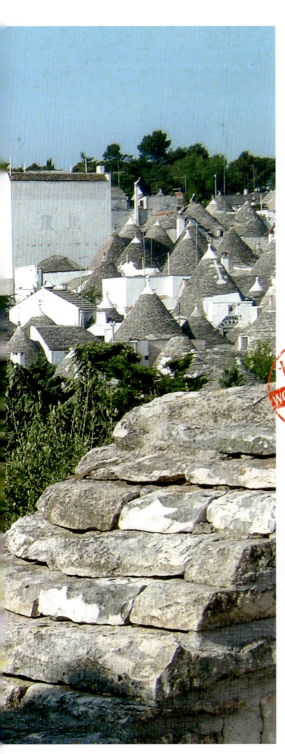

アルベロベッロ。白壁に石灰岩の切石を円錐形に積み、屋根をのせたこの家屋「トゥルッリ」は16〜17世紀にかけてこの地の開拓のために集められた農民によって作られたもの

形状は同じでも、それぞれの屋根の文様が「家の誇り」を旅人に伝えていた

Capri イタリア
カプリ

カプリ島は約10km²程度の小さな島。風光明媚な地として知られ、イタリアの観光地の一つ、ローマ帝国2代皇帝のティベリウスが統治期間の後半をここで過ごした。

青の洞窟。洞窟内の海面が外部からの光を受けて輝く姿は幻想的な光景を醸し出しているそうだが、当日は波が荒く洞窟に入ることはできなかった

カプリ島恒例の祭りで賑わうまちの中心広場（上）

守護聖人の祭り。5月中旬に聖人像がまちを行進する（下）

Sorrento イタリア
ソレント

海沿いに切り立った崖の上に広がる風光明媚なリゾート地ソレント。ナポリ民謡の「帰れソレントへ」でも有名

Venezia イタリア
ヴェネツィア

古くから栄えた水の都ヴェネツィア。「アドリア海の女王・真珠」とも言われている

世界遺産 WORLD HERITAGE

Matera イタリア
マテーラ

世界遺産 WORLD HERITAGE

マテーラのまち。石灰質の岩肌に造られた「サッシ」と呼ばれる洞窟住居がある

岩肌を利用して建てられたサッシの内部

Milano イタリア
ミラノ

ミラノドゥオーモ。聖母マリアに献納された世界最大級のゴシック建築で、5世紀もの歳月をかけて多くの芸術家によって完成された

ドゥオーモ内陣。光の反射によって微妙な色を弾くステンドグラスやキリスト教の歴史を描いた油絵、彫刻などが並びミラノで一番神聖な空気が漂う空間

Pompei イタリア
ポンペイ

ポンペイ。政治経済の中心だったフォロ（多目的広場）から
ヴェスヴィオ火山を望む

柱廊と両替所と食品市場の入り口

アポロ神殿跡

イタリア
2005(平成17)年5月12日～21日

成田 ➡ イタリア(ローマ)(機中泊)〜(ヴァチカン美術館、サン・ピエトロ寺院、コロッセオ、トレビの泉、スペイン広場)(泊)〜ポンペイ〜ナポリ〜カプリ島(泊)〜(青の洞窟)〜ソレント〜アルベロベッロ(泊)〜マテーラ〜ミラノ(泊)〜(サンタマリア・デッレ・グラツィエ教会)〜ヴェネツィア(泊)〜(サンマルコ寺院、ドゥカーレ宮殿、ヴェネツィアングラス工房、ゴンドラ遊覧)〜フィレンツェ(ミケランジェロ広場)(泊)〜(ウフィッツィ美術館、ベッキオ橋、ピサの斜塔)(泊)〜ミラノ ➡ 成田(機中泊)

スペイン階段より見たローマ・コンドッティ通り

すべての道はローマのブランド・ストリートに続く

　素晴らしいイタリアの旅であった。

　カプリ島の青の洞窟こそ荒波で見ることはできなかったが、ナポリ民謡「帰れソレントへ」で有名なソレントに行かれたのもうれしかった。

　そして、再び、私はローマに戻った。

　自由行動の日、観光地スペイン階段に行ってみて驚いた。

　階段の上から見えるコンドッティ通りの賑わい。それもそうだ。この通りは、世界的なブランド店が立ち並ぶショッピング街だから。

　ブルガリ、グッチ、フェンディ、プラダ、アルマーニ、マックスマーラ、ルイ・ヴィトン、フェラガモ……。

　日本の女性たちの姿も多く見受けられる。妻に感想を求められたら、こう言おう。

　「いやあ、あの通りは行かない方がいいね。なにしろ、すごい人出でコンドッティ」

Frankfurt ドイツ
フランクフルト

ドイツ中南部の都市シュパイアにある大聖堂。赤い砂岩でできた巨大なバシリカ式聖堂(聖マリア・聖ステパノ大聖堂が正式名称)

世界遺産 WORLD HERITAGE

Bayern ドイツ
バイエルン

ニーベルンゲン橋と塔門。道路をまたいで時計の付いた塔門が建っている

ドイツ南部バイエルンにある白鳥城と呼ばれる美しいノイシュヴァンシュタイン城。ディズニーランドのシンボル、シンデレラ城のモデル

バイエルンの南、ヴィース教会の内陣。ロココ様式の内部の装飾はヨーロッパ随一と言われている。皮鞭に打たれるキリストの木像は「ヴィースの涙の奇跡」として広まり、巡礼者が集まるようになった

歴史あるヴィース教会の誇る天井画。「天から降ってきた宝石」とも讃えられている

ヴュルツブルク司教館。バロック建築を代表するヨーロッパ屈指の宮殿

司教館に付随する庭園。日々、老若男女が集まって談笑している

ドイツ
2005(平成17)年7月18日～28日

成田➡ドイツ(フランクフルト)泊～(ロルシュの王立修道院、シュパイヤ大聖堂)～ハイデルベルク泊～(ハイデルベルク城、アテル橋)ローデンブルク泊～(マルクト広場、聖ヤコブ教会)泊～(ディンケルスビュール、ネルトリンゲン)シュバンガウ泊～(ノイシュヴァンシュタイン城、ヴィース教会)～ミュンヘン泊～(ニンフェンブルグ城、マリエン広場)～ニュールンブルグ泊～(カイザーブルグ城、旧市庁舎)～バンブルク泊～ヴュルツブルグ(レジデンツ、ホーフ教会)泊～フランクフルト➡成田(機中泊)

ニュールンブルグ。カイザーブルグ城にて

はい、チーズ！

ニュールンブルグを旅している時のこと。

丘の上にそびえ立つ要塞があった。

それがカイザーブルグ城だった。

「皇帝の城」という名を持つ、この中世の城は、ニュールンブルグのまちを眼下に見下していた。

私も中に入り、見おろすと、たしかに、まちが一望できた。

ふと振り返ると、子供たちが並んでいた。

聞けば、歴史博物館の見学の帰り。ちょうど記念写真を撮るところだという。

「ちょっと待って」

私は彼らに声をかけ、カメラを構えた。

「はい、チーズ！」

そうか、チーズは英語だった。

Victoria Falls ジンバブエ
ヴィクトリア滝

ヴィクトリア滝。滝の上で遊んでいる人がいるが大丈夫なのか？

ヴィクトリア滝。対面で撮影していると滝のしぶきでずぶ濡れになる

ザンベジ川の水辺の集まるバッファローの群れ

乾気で水を求めて水辺にやってきた象

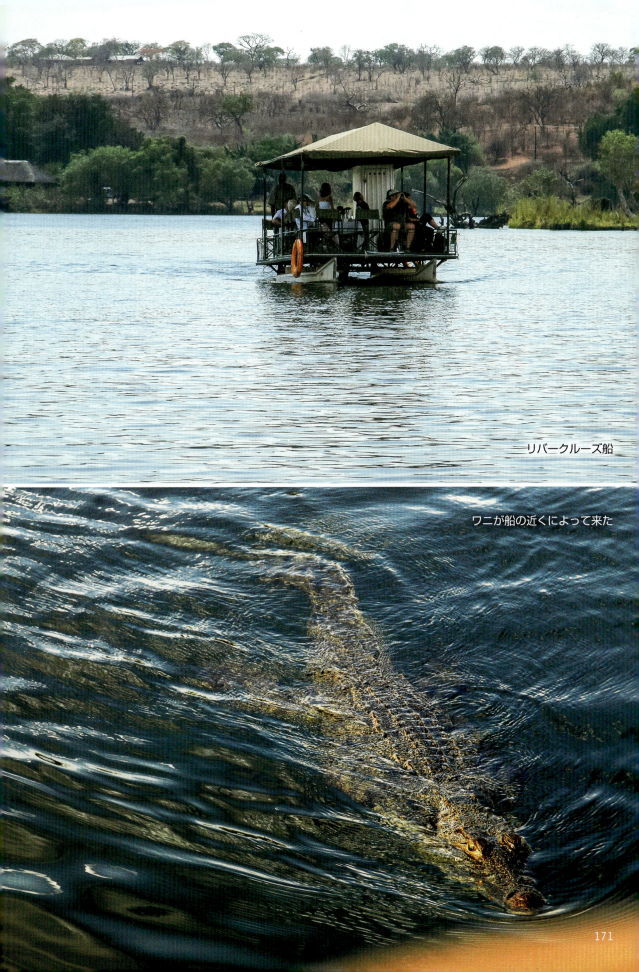

リバークルーズ船

ワニが船の近くによって来た

Cape Town 南アフリカ
ケープタウン

ケープタウン南部、朝日を浴びてそびえ立つテーブルマウンテンの雄姿

テーブルマウンテンから眺めるケープタウンのまち。
ライオンズヘッドの向こうにロベン島。
元南アフリカ大統領ネルソン・マンデラが18年間収監されていた。

イギリスの観光集団がケープに着いた喜びでワインを片手に記念撮影。中央のご婦人にご注目

Simon's Town 南アフリカ
サイモンズタウン

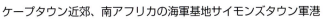

ケープタウン近郊、南アフリカの海軍基地サイモンズタウン軍港

海軍に忠誠を尽し海軍二等水兵に登録されたグレート・デーン犬。
通称 Just Nuisance

Mossel Bay 南アフリカ

モッセル・ベイ

南アフリカ南部の港町モッセル・ベイ。
海岸保養地として人気が高く新興住宅が並んでいる

海べのまち。潮風が心地よい

Pilanesberg 南アフリカ
ピラネスバーグ

シマウマは臆病で近づくと逃げてしまう

インパラ。オスは角をもっているがメスはない。
朝と夕方草を食べ日中は木陰で休んでいる

青空の下、ピラネスバーグの日常風景

サイ。白サイと黒サイの2種。角は角質で折れても再生する

南アフリカ
2005(平成17)年11月5日～14日

成田➡中国(香港)機中泊➡南アフリカ(ヨハネスブルグ)➡ジンバブエ(ヴィクトリアフォールズ、ザンベジ川クルーズ)泊➡ボツワナ(チョベナショナルパークツアー、サファリードライブ)泊➡南アフリカ(ケープタウン)泊～(テーブルマウンテン、ボルダービーチ、ケープポイント、サイモンズタウン)泊～モッセル・ベイ泊～ナイズ(ウテニカチューチュートレイン)泊～ピラネスバーグ(サファリー内ゲームドライブ)泊～ヨハネスブルグ➡中国(香港)➡成田(機中泊)

イギリス海軍所属の犬の碑

JUST NUISANCE(ちょっと迷惑)

　第2次大戦中に、南アフリカ・ケープタウンに駐留するイギリス海軍に一匹のグレート・デーンがいた。

　グレートとつくから、かなりの大型犬である。

　この犬は、史上唯一の海軍所属の犬で、JUST NUISANCEと呼ばれ、海軍に忠誠を尽くし、1939年8月に正式に海軍に入隊。最初は、二等水兵であったが、のちに上等水兵に昇進したが、第2次大戦終了の1年前の1944年4月に病死した。

　彼の功績を偲び、軍葬が行われただけでなく、その栄誉を称え、南アフリカの海軍基地サイモンズタウンに、銅像が建てられている。

　そういえば、日本でも戦前「のらくろ」という野良犬が帝国陸軍に入り、最初は二等兵だったが、徐々に階級を上げ、最終的には大尉まで昇進したという漫画があったが、イギリス海軍に実在の犬がいたとは知らなかった。旅は、勉強になる。

臺東 台湾
タイトウ

カルチャーセンターをふとのぞいた。
婦人たちが楽しそうに民俗舞踏の稽古をしていた

高雄 台湾
タカオ

九曲橋より望む人造湖の澄清湖

澄清湖の公園内にある
七重の塔中興塔

整然と並んでいる高雄の住宅と高層ビル

台湾
2006(平成18)年1月5日～11日

成田 ➡ 台湾～(淡水紅毛城)泊～(宣菌、花蓮、国家森林公園、日本移住民地)～台東泊～(台湾史前文化博物館、原住民部落、薬草園)～高雄泊～(万寿山、澄清湖)～台南泊～(孔子廟、延平郡王祠、烏山頭ダム)～台中泊～(自然科学博物館、美術館)～台北泊 ➡ 成田

あなたは八田与一を知っているか

「台湾で一番尊敬されている日本人技師」がいることを知ったのは数年前のことであった。名を八田与一という。

八田は1886(明治19)年石川県に生まれ、東京帝大工学部土木科を卒業後、台湾総督府に勤務し、台湾の水利事業に従事した。

そのなかで最大の事業は、1920(大正9)年から1930(昭和5)年にかけて行った烏山頭ダム建設の大工事であった。艱難辛苦を乗り越えて完成したこのダムのおかげで、この一帯は最大の穀倉地帯に生まれ変わった。この功績を称えて、烏山頭ダムを見下ろす場所に、八田与一の銅像が建てられていた。

この話は、台湾の中学校の教科書に掲載され、子供から大人まで多くの台湾の人が「最も尊敬する日本人」と仰いでいる。台湾の元総統李登輝も、講演のなかで、八田を「台湾の恩人」と呼んだと聞いた。

私は、改めて彼の功績に対し、銅像の前で深々と頭を下げた。

Christchurch ニュージーランド
クライストチャーチ

教会横のモニュメントは2011年2月のカンタベリー地震で被害を受けてしまったのか

マウント・クック 3754 m。タスマン氷河にランディング

ニュージーランド南島中央部、ヘイズ湖畔の黄葉
ニュージーランドでは紅葉はなく、黄葉が美しい

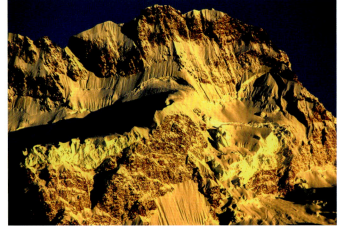

朝日でゴールドに染まったマウント・セフトン 3158 m

ニュージーランド
2006(平成18)年4月12日〜19日

成田 ➡ マレーシア(シンガポール) ➡ ニュージーランド(クライストチャーチ))機中泊〜(テカポ湖、ブカキ湖)〜マウント・クック泊〜(遊覧飛行でタスマニアンバレー、マウント・クック、フッカーバレー)泊〜(タスマンバレー、ワナ湖)〜ハースト泊〜(フォックス氷河、マセソン湖)泊〜(フランツ・ジョセフ氷河)〜クライストチャーチ泊〜(モナベール大聖堂) ➡ シンガポール ➡ 成田(機中泊)

羊飼いの教会

信者は、満天の星

　まるでミルクを流したような青味がかった乳白色の湖、テカポ湖を訪れた。折からの錦秋の風景と相まって、それはそれは、美しい季節を演じてくれていた。
　ふと、見上げると、夕日の中、「善き羊飼いの教会」があった。
　湖を見下ろすその姿は、どこか安心感を与えてくれる。
　この教会は、1935年に建てられたもので、新約聖書のなかでキリストが「私は善き羊飼いである」と語った(ヨハネによる福音書)ところから、その名がつけられたという。
　キリストが羊飼いなら、私たち観光客は、まさに、日本からやってきた迷える子羊の群れだろう。
　だが、心配することはない。
　夕日が沈んだあと、この教会は満天の星という世界で最も美しく輝く信者たちに囲まれるからだ。

Dolomiti イタリア
ドロミテ

コルチナ・ダンペッツオ。イタリア観光名所の一つ、1956年の冬季オリンピックが開催され、猪谷千春が銀メダルを獲得した

ドロミテの真珠と言われているミズリーナ湖。1956年の冬季オリンピックでスピードスケートの会場となった

切り立つ岩峰。朝、太陽に照らされて茜色に輝く山岳風景は
世界中の人々を引きよせるドロミテ山塊

Hallstatt
オーストリア
ハルシュタット

世界遺産 WORLD HERITAGE

風光明媚なこの町はケルト文明の地として古くから発達した

ザルツブルグの東、アルプスの峰々に抱かれるように扇状に展開する一帯がオーストリアの景勝地を代表するザルツカンマーグート。映画「サウンド・オブ・ミュージック」の撮影に使われた

イタリア・オーストリア

2006(平成18)年6月6日〜13日

成田 ⇒ オーストリア(ウイーン) ⇒ イタリア(ヴェネツィア)泊〜(リアルト橋、サンマルコ広場)〜コルチナ・ダンペッツオ泊〜(ドロミテ山群、ミズリーナ湖)泊〜(ポルドイ峠、セラ峠、カレッツア湖)〜ボルツアーノ ⇒ オーストリア(インスブルック)泊〜(マイヤーホーフェン・教会での結婚式、クリムルの滝、フランツ・ヨーゼフス・ヘーエ展望台)〜ザルツブルグ泊〜(チロル湖水地方、ハルシュタット、モント湖、ザルツカンマーグート)泊〜ウイーン ⇒ 成田(機中泊)

ポルドイ峠にて

目指せ、凱旋門!

車はポルドイ峠に差しかかった。

たくさんの自転車の選手がいた。ガイドによれば、ここはツール・ド・フランスの格好の練習場所で、プロ選手たちが大会に向けた激しいトレーニングをしているところだそうだ。

ツール・ド・フランスとは、毎年7月にフランスおよびその周辺国を舞台に行われる自転車のプロによるロードレースで、1903年から開催されている歴史ある自転車レースだ。

最終ステージのゴール、パリの凱旋門を目指して、約20日間、フランス各地を走る。「通」によれば、特に山岳コースでの先頭争いはおもしろく、基本的には、9人単位のチーム参加だけに、約20チームによる駆け引きも楽しいと言う。その練習場所が、この峠だった。

そうか、だからみんな同じユニフォームを着ているのか。

みんながんばれ。目指せ、凱旋門!

黄龙 中国
コウリュウ

黄色がかった乳白色の石灰華の連なりは雪を頂いた山脈を登っていく黄色い龍の姿にたとえられている。晴天時は日光と相まって金色に輝くみごとな光景

九寨沟 中国
キュウサイコウ

五花海

五花海、九寨溝絶景のハイライト。最も透明度が高く唯一高山冷魚が生息している

樹正群海。柏、松、杉などが密生してその間を水が流れ落ちていく湖と滝の動と静のコントラストが素晴らしく、色彩も鮮やか

中国
2006（平成18）年10月18日～23日

成田 ➡ 中国(北京～成都)泊～九寨溝(樹正群海、臥龍海、火花海、盆景灘)泊～(五花海、珍珠灘瀑布、長海、五彩池、諸日朗瀑布、民族舞踏)泊～黄龍泊～成都泊～中国(北京) ➡ 成田

九寨溝

突然、強い風が……

「世界の屋根」チベットの九寨溝（きゅうさいこう）にやってきた。

標高2000m超。冬は、雪と氷に覆われ、一面の銀世界と化すが、夏は、岩々や樹々の間から流れ出す雪解け水で、あたり一面に無数の美しい滝がその勢いを競い、あちらこちらに、数え切れないほどの紺碧の湖が生まれる自然の楽園となると聞いていた。

ここら渓谷一帯に、かつて9つのチベット族の村があったところから「九寨溝」という名がついたという。

いまは、観光地化したためか、地元の住民たちが暮らしているのは、3つの村しか残っていない。さあ、行ってみよう。

私がその美しい風景をカメラに収めようとレンズを向けると、突然、一陣の風が吹き、村の入口に立てられていたたくさんのカラフルな旗が一斉に右に左に大きく揺れた。歓迎か、拒否か。

私が初めて、中国の奥地の夢幻の仙境に足を踏み入れた瞬間だった。

Roma イタリア
ローマ

サンタンジェロ城はローマのテヴェレ川右岸にある城塞で正面にはサンタンジェロ橋がある。ヴァチカンのサン・ピエトロ大聖堂と秘密の通路で結ばれている

Assisi イタリア
アッシジ

アッシジの象徴、フランチェスコ聖堂

フランチェスコ聖堂の前の芝生には「FAX」の文字があり、
ラテン語で松明の意

Siena イタリア
シエナ

世界で最も美しいカンポ広場のガイア（歓喜）の泉。中世には金融業で栄えた都市国家で、経済力を背景にルネッサンス期は芸術の中心地の一つだった（上）

食糧店だが、旧市街にマッチした形で商品を並べている（下）

San Gimignano イタリア

サン・ジミニャーノ

サン・ジョバンニの門

サン・ジミニャーノ。トスカーナで人気の高く美しい塔が立ち並んだ町、中世時代に貴族や地元富豪たちが競って高い塔を建てた。黄金期は72本もの塔があったが現在は14本が残っている

トスカーナ地方は典型的な地中海性気候。急に雨に降られたあと、晴れあがって虹が出て美しかった

Pisa イタリア
ピサ

斜塔はピサ大聖堂の鐘楼で、3.99度傾斜している

アルノ川に架かるヴェッキオ橋。イタリア語で「古い橋」と言われ、フィレンツェ最古の橋。橋の上部はアパートで、1階の通路の両脇は伝統工芸の金銀細工の店が輝き連ねている

サンタ・マリア・デル・フィオーレ大聖堂のクーポラ内のフレスコは「最後の審判」が描かれている（左上）

ドゥオーモとジョットの鐘楼。ドゥオーモはフィレンツェのシンボルで大司教座聖堂（左下）

サン・ジョヴァンニ洗礼堂の扉（右上）

ロマネスク様式の八角形の洗礼堂の東の扉はミケランジェロが「天国の門」と呼んで絶賛した（右下）

Verona イタリア

ヴェローナ

世界遺産 WORLD HERITAGE

ヴェローナのアディジェ川に架かる姿の美しいスカリジェロ橋。橋の中ほどに出窓のようなのぞき窓があり、橋の先にはカステル・ヴェッキオ城がある

シニョーリ広場の建物の壁。ダンテの像やヴェローナのシンボルの翼の付いたライオン像など、色々な彫刻がある

イタリア
2007(平成19)年5月26日~6月5日

成田⇨イタリア(ローマ)泊~(ローマ歴史地区、ヴァチカン市国)泊~レンタカーでアッシジ~ピエンツァ~シエナ泊~サン・ジミニャーノ~ピサ~フィレンツェ泊~(フィレンツェ市内)泊~(ヴェネツィアでレンタカーを返す)泊~列車でヴェローナ~ミラノ泊~(サンタ・マリア・デッレ・グラツィエ教会)泊⇨成田(機中泊)

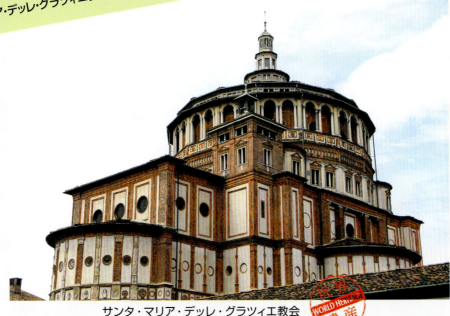

サンタ・マリア・デッレ・グラツィエ教会

食堂で「最後の晩餐」

「あなた方のうちのひとりが私を裏切ろうとしている」

キリストがユダを告発した瞬間を天才ダ・ヴィンチの大傑作「最後の晩餐(Cenacolo Vinciano)」は、必見だ。

この作品が飾られているのがミラノにあるサンタ・マリア・デッレ・グラツィエ教会だ。これを見ようと、毎日のように世界中から多くの観光客が訪れる。私もそのなかのひとりだった。

この教会は、かつて修道院だった建物をスフォルツァ家が教会に改装した建物で、その昔、修道院の食堂だったところに「最後の晩餐」は描かれている。

ただし、これを味わうためには、予約が必要だった。

「食堂」、「最後の晩餐」、「予約」。

この3つのキーワードで、なんだか世界遺産を身近に感じたのは、私だけだろうか。

Хөхэхота 内モンゴル自治区
フホホト

モンゴル高原に住む遊牧民が使用している伝統的な住居。
中国語で「パオ（包）」モンゴル語で「ゲル」

満月とパオ。このパオに泊まって撮影した

大草原を走る遊牧民

パオの団地。内部は直径4m〜6mほどの空間である

中国（内モンゴル）
2007(平成19)年7月1日～5日

成田 ⇨ 中国（北京～フホホト）泊～四子王旗（歓迎儀式、モンゴル相撲、競馬、民族舞踏）（パオに泊）～（遊牧民の生活、馬頭琴）～フホホト泊～（哈素海）～北京泊～中国（北京）⇨ 成田

四子王旗での歓迎式

チンギス・ハーンの子孫たち

内モンゴル自治区四子王旗に着いた。

旗と言ってもたなびく旗ではない。こちらの行政区分のひとつで、日本の郡に近いかもしれない。

四子王とは、チンギス・ハーンの弟、ジョチ・カサルの子孫の四兄弟のことで、清が明を征服した時、大手柄を立てたその功績によって、この地を拝領、以後、代々この地の郡王として民を守ったところからつけられた地名であった。

1949年10月、中華人民共和国が成立し、この地も、12月に内モンゴル自治区となった。

それにしても、私たちが訪れた時の歓迎ぶりはすさまじかった。

プライドが高いと聞いていたチンギス・ハーンの子孫のモンゴル人たちが、地酒を飲み、歌って、踊ってくれた。

見知らぬ国の人たちとの熱いふれあい。だから、旅はやめられない。

Death Valley アメリカ
デスヴァレー

シエラネバダ山脈東部「死の谷」を意味するデスヴァレー。最も低い場所が海抜マイナス85m、雨は殆ど降らない。夏の最高気温は摂氏57度を記録する

デスヴァレーの山肌

バッドウォーター（海抜下86m）の塩湖の模様

デスヴァレーの入口。どこまでも続く道がいまでも脳裏に浮かんでは消える

Bryce Canyon アメリカ
ブライス・キャニオン

ブライス・キャニオン遠景

ユタ州南西部、乱立する細長いフードウ（尖塔）の姿が朝日、夕日によってその美しさが変化する

Zion アメリカ
ザイオン

ブライス・キャニオンの南西80kmのユタ州、ザイオン国立公園。「水によって創造された壮大な彫刻」と呼ばれる

大地からつき上がった岩

Grand Canyon アメリカ

グランド・キャニオン

アリゾナ州、空撮のグランド・キャニオン。断崖は平均の深さが1200m、長さ446km。想像を絶する光景が展開された

ラスベガスからグランド・キャニオンまで飛ぶ飛行機のパイロットは女性だった。逞しく安全操縦

アメリカ(デスヴァレー)

2007(平成19)年10月5日〜13日

成田 ⇨ アメリカ(ロサンゼルス)〜ラスヴェガス泊〜(デスヴァレー)泊〜(デスヴァレー)泊〜(ブライス・キャニオン)泊〜(ブライス・キャニオン)泊〜(デスヴァレー)泊〜(ザイオン)〜ラスヴェガス泊〜(グランド・キャニオン)泊〜ロサンゼルス ⇨ 成田(機中泊)

ザイオンからの帰途

撮らないで！

　壮大な岩の絶壁に覆われたユタ州ザイオン国立公園の帰りのこと。

　車の窓の景色が変わり、折からの紅葉に彩られた樹々の林に出会った。それは、まるで茶褐色一色になってしまっていた私の瞳に、一滴の目薬をさしてくれたようであった。

　「どうだった？　コロラドの大地はすごかったでしょう」

　「西部劇に出てくるようだったでしょ。日本にはないでしょ」

　樹々が口々にそう話しかけてくれているような穏やかな気分だった。

　大自然に雌雄があるとしたら、デスヴァレーやザイオンは雄で、こうした林や森は雌かもしれないと思いながら、車窓を見ていると、ブルーの屋根が今にも壊れそうな小屋が目に入った。

　私はすかさずシャッターをきり続けた。

　「あっ、これは撮らないで！」

　樹々がそう叫んだがごとく、一陣の強い風が梢を大きく揺らした。

København デンマーク
コペンハーゲン

コペンハーゲンの北40km、エスロム湖に浮かぶ島の上に建つ壮麗なフレデリクスボー城。内部は国立歴史博物館として絵画、肖像画、家具、紋章等が展示されている。特に部屋の天井は素晴らしい

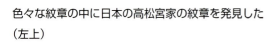

色々な紋章の中に日本の高松宮家の紋章を発見した（左上）

城内の天井の模様（右上）

フレデリクス2世の肖像画か（右下）

コペンハーゲン港北東部にある
人魚姫像

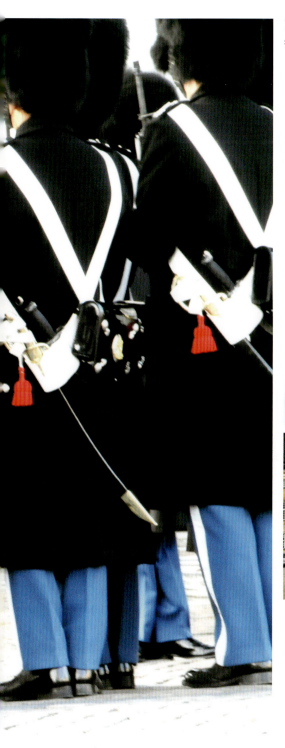

アマリエンボー宮殿の衛兵交代。
毎日正午に行われる

アマリエンボー宮殿。デンマーク王室の居城。宮殿前の広場は市民に開放されており、女王在宮時には、宮殿の屋根に国旗が上がる。中央の像は、フレデリクス5世

オーデンセのアンデルセンの博物館と庭園

市庁舎の脇に建つアンデルセン像。ハンス・クリスチャン・アンデルセンはオーデンセの貧しい靴職人の家に生まれ、父が読書好きでハンスによく「千夜一夜物語」などを読み聞かせたことがのちの童話作家への道へ進ませたと言われている

フーネン・ビレツジホテル。北シュラン島への沿道には、このような茅ぶき屋根の家が多くみられる

デンマーク（コペンハーゲン）
2008（平成20）年2月1日〜7日

成田 ➡ デンマーク（コペンハーゲン）泊〜（中央駅、アンデルセン像、市庁舎、ニューハウン、アマリエンボー王宮、人魚姫の像）泊〜（クリスチャンボー城、ニューハウン）泊〜レンタカーでフュン島のオーデンセへ（アンデルセンの家、アンケボホテル）泊〜（デイレファラバッケン公園、クロンボー城、フレデリクスボー城）泊〜コペンハーゲン ➡ 成田（機中泊）

カメラを置いて、まちに出よう

　悪いクセだ。
　旅行中、私はどこへ行くにもカメラを放さない。壁のいたずら描きがおもしろければすぐに撮るし、ショーウインドウが凝っていたら、すぐに自分が写り込まない位置を探してシャッターをきる。
　もちろん、結婚式があれば、人ごみに割り込んでも撮影するし、美人を見れば遠慮なく、ファインダーをのぞく。
　なぜ、これが悪いクセなのか、自分でもよくわかっている。被写体を探してばかりいるから、旅がすべて写真撮影のためになってしまうからである。そして、帰ってから気づく。ただ、写真を撮ってきただけの旅だったと。行きずりの恋もなければ人の親切に心を打たれることもない。
　コペンハーゲンの夜。もし、カメラを持たずに外出していたら、私はひょっとしたら、めくるめく楽しい体験ができたのではないかと、いまになって思う。悪いクセだ。

Amsterdam オランダ
アムステルダム

アンネ・フランクの住家。内部にある回転式の本棚の裏を出入口とし、3階、4階を隠れ家にして、潜伏生活を送っていたが、1944年ナチスに発見され、姉とともにベルゼン強制収容所に送られた

アムステルダム近郊の村、フォーレンダム。
各国の旗を立てて観光客にアピールしているフードコーナー

世界最大の花の公園キューケンホフ公園のチューリップ花壇

Ardennes ベルギー
アルデンヌ

アルデンヌ地方の運河

オランダ・ベルギー
2008(平成20)年4月21日～29日

成田 ⇨ オランダ(アムステルダム)泊～(ザーンセ・スカンス、フォーレンダム、ゴッホ美術館、アンネ・フランクの家)泊～リッセ(キューケンホフ公園)～ハーグ(マウリッツハイス王立美術館) ⇨ ベルギー(アントワープ)泊～(ルーベンスの家、ノートルダム大聖堂、)～ゲント(聖バーフ大聖堂)～ブリュッセル泊～(グランプラス、小便小僧)～アルデンヌ地方(シタデル城砦)泊～(アンヌボワ城、ヴェーヴ城、モダーブ城)～ブルージュ泊～(ベギン会修道院、運河遊覧)泊～オランダ(アムステルダム) ⇨ 成田(機中泊)

キューケンホフ公園にて

愛する筋肉

　オードリー・ヘップバーンがオランダ貴族の孫だったことはあまり知られていない。

　オードリーは1929年、ベルギーのブリュッセルで生まれたが、両親の離婚によって、オランダ貴族の娘であった母の故郷のオランダの地方都市で育った。ナチス・ドイツ占領下はまるでアンネ・フランクのような生活だったという。

　第２次大戦後、アムステルダムに移り、オードリーは一流のバレリーナとなり、イギリスに渡って女優になった。

　「人は誰でも愛する力が備わっている。でも、それは筋肉と同じで、いつでも鍛えておかないと衰えてしまうのよ」

　世界最大の花の公園、キューケンホフ公園の噴水の池の中を飛び石づたいにタイミングよく渡っていくオランダの女性を見て、ふと、オードリーの名言を思い出した。

Санкт-Петербург ロシア
サンクトペテルブルク

イサク聖堂内陣

サンクトペテルブルクの中心、ロシア正教会のイサク大聖堂。ピョートル大帝の守護聖人ダルマチアの聖イサクに由来

サンクトペテルブルク中心部から南東25km、エカテリーナ宮殿の門扉（上）

エカテリーナ宮殿はロココ建築の宮殿で夏の間過ごしたことから夏の宮殿とも言われている。贅を尽し内外装には純度の高い金が多く使われている（中）

ロシア美術の逸品と世界中から集めた膨大な興味深い文化財を所蔵している人類学民族学博物館（下）

メトロポリタン、ルーヴルと並ぶ世界三大美術館のひとつ、エルミタージュ美術館はロシアの国立美術館。展示品は250万点以上を数え、世界に誇る。全展示品を鑑賞するには、15年の歳月が必要だと言われている

ペトロパブロフスク軍港

ロシア正教会の聖堂ハリストス復活大聖堂。ロシアの皇帝アレクサンドル2世が暗殺された場所に次に即位した皇帝アレクサンドル3世の命令で建てられ、「血の上の教会」の名称で知られる

ロシア
2008(平成20)年7月4日〜8日

成田 ⇨ ロシア(サンクトペテルブルグ)泊〜(エルミタージュ美術館、聖イサク寺院、デカブリスト広場の青銅の騎士像)泊〜ペテルゴーフ(エカテリーナ宮殿、ピョートル大帝の夏の庭園、噴水と庭園)〜サンクトペテルブルグ(ニコライ宮殿民族舞踏ショー)泊〜(運河遊覧、ペテロパブロフスク要塞、聖堂、血の上の教会) ⇨ 成田(機中泊)

エカテリーナ宮殿の天使の像

いまにも大きな欠伸が出そう

　　サンクトペテルブルグの中心地から約25kmのところに、エカテリーナ宮殿はあった。

　　エカテリーナとは、ピョートル大帝の王妃で、第2代ロシア皇帝になったエカテリーナ1世の名に由来する。

　　正面入口から階上へは豪華な大理石の階段が続き、上がりきった窓辺の左右に、かわいらしいキューピット像があった。19世紀の作品で、西側の窓辺には「眠れるキューピット」像、そして東側のは「キューピットの目覚め」像と呼ばれていた。

　　私は、「キューピットの目覚め」の像にピントを合わせた。すると、どうだ。窓から差し込む朝の陽光の中、目覚めた天使がいまにも、欠伸をしそうに見えた。私は、話しかけてきた仲間に、思わず口元に指を立て、小声で言った。「しっ！　天使がお目覚めですぞ」と。

　　仲間は不思議そうな顔で、いつまでも、私を見ていた。

Nouméa ニューカレドニア
ヌメア

FOLの丘。FOLとは市民社会奉仕団の名前の略。他に目印もなかったので、その名がついた。ヌメア市街やモーゼル湾のヨットハーバーが眼下に一望できる絶景

アメデ島のタヒチアンダンスショーで観光客も一諸に踊る

空から見たラグーン（珊瑚礁）の島

ニューカレドニア

2009(平成21)年1月19日〜25日

成田 ➡ フランス(ニューカレドニア・ヌメア)機中泊〜島めぐり(グランドテール島、ウエントロの丘、FOLの丘、水族館)泊〜船でアメデ島(灯台、バリアリーフツアー、グラスファイバー船で遊覧・サメの餌付けショー、タヒチアンダンスショー)〜ヌメア泊〜(リベエルブルー州立公園ハイキング)泊〜飛行機でイルデバン島(オルスタンス女王の洞窟、バォ村、カヌメラ湾の天然プール)泊〜(マルシェ、Guy氏のビジターセンター開設地見学)泊〜ヌメア ➡ 成田

ピッシンヌ・ナチュレル

そっとのぞいて見てごらん

ニューカレドニアの海は、きれいだ。

特にカヌメラ湾のピッシンヌ・ナチュレルは素晴らしい。

サンゴで荒い波が外海から遮られているためか、波もなく穏やかな上、絶えず岩の間から海水が入り込んで、まるでプールのよう。ピッシンヌ・ナチュレルとは「天然プール」と言う意味。

行ってみよう。

私は車を降り、道路から南洋杉の林を抜け、くるぶしくらいまでの深さの海の中を20分ほど歩くと、その天然プールに出た。

そこは海水の透明度が高いせいか、多くの魚たちの住処になっていた。

お昼に残したパンがあった。私は、持っていたパンの小さくちぎって海面にバラまいてみた。うわーっ。どこに隠れていたのだろうか。色とりどりの南国の魚たちがすさまじい数、餌のまわりに集まってきた。

危ないよ。人の足に踏まれないようにね。

Granada スペイン
グラナダ

グラナダの町が一望できるサンニコラス広場から見た夕日に染まったアルハンブラ宮殿。イスラム芸術の粋を集めた最高の建造物

Córdoba スペイン
コルドバ

コルドバの聖マリア大聖堂、通称メスキータと呼ばれイスラム教とキリスト教の二つの宗教が共存する珍しい建物で、850本の円柱が並ぶ「円柱の森」

旧ユダヤ人街の「花の小道」で有名。中庭（パテオ）の白壁をキャンバスに見立てて花を飾り美しい

14世紀に建てられた中世の城アルカサルの内部。池や噴水を使ったアラブ式の庭園

世界遺産 WORLD HERITAGE

アルコス・デ・ラ・フロンテーラ。断崖に建つサン・ペドロ教会。アンダルシア地方を象徴する美しい風景だった

Sevilla スペイン
セヴィリア

民族衣装を着飾ったセヴィリアの美しいセニョリータたち。
祭りはこのあと夜通し続いた

オーラ！ 年に一度のセヴィリアの春祭りは、手づくりの洋服を着飾って街に繰り出し、友人と二人で楽しそう

スペイン

2009(平成21)年4月23日〜5月1日

成田 ⇨ スイス(チューリッヒ) ⇨ スペイン(マドリード)(泊)〜グラナダ(ラマンチャの白い風車、アルハンブラ宮殿夕景)(泊)〜(アルバイシン地区)〜コルドバ(メスキータ、サンタ・クルス地区)(泊)〜(コスタ・デ・ラ・ルス海岸)〜カデイス(泊)〜(アルコス・デ・ラ・フロンテーラ、アンダルシアの白い村)(泊)〜セヴィリア(春祭り)(泊)〜(春祭り)〜新幹線(AVE)でマドリードへ(泊)〜スペイン(マドリード) ⇨ 成田(機中泊)

バールの風景

脂の乗ったハモンはいかが

スペインのアンダルシア地方にやってきた。

ここでは、バール巡りが楽しい。バールとは、スペイン風立ち飲み処。「ちょっと一杯、ワインでもビールでも」という人たちで、昼間からにぎわっている。ツマミは、天井からぶら下がっている生ハムにかぎる。ハムは、スペイン語でハモン。

店主に聞くと、いろいろな種類があるそうだ。日本でよく見かける生ハムがハモン・セラーノ、ちょっと高級なのがハモン・イベリコ。なかには、どんぐりだけ飼料として食べさせて育てた豚肉から作った「ベジョータ」なんていう特別なものもある。

また、肉の熟成期間によっても、ワインやウイスキーのように価格は異なるらしい。値段も100ｇ6ユーロから150ユーロまでさまざま。

さて、どれにしようか。生ハムを切ってもらう前に、まず、シャッターをきってみた。

Yosemite アメリカ
ヨセミテ

世界遺産 WORLD HERITAGE

ヨセミテ渓谷の中で最も有名なブライダルベール滝はあたかも風になびいて花嫁の白いベールが広がっているように見える

満月の夜は月の光で虹が出るがこの日は残念ながら虹は出なかった。やむなく滝と星の軌跡を撮る

トンネルビュー。左手がエルキャピタン、右手前にブライダルベール滝、後方にハーフドームを望みヨセミテ渓谷が一望できる人気のスポット。ちょうどこのとき太陽に暈（かさ）がかかった瞬間で飛行機雲と暈の写真が撮れた。これをハロ現象または白虹という

Los Angeles アメリカ
ロサンゼルス

マリリン・モンロー？　ハリウッドにて

ロスにはヨセミテ観光のライダーもいた

アメリカ（ヨセミテ国立公園）
2009（平成21）年6月8日〜15日

成田 ⇨ アメリカ（ロサンゼルス）〜フレスノ泊〜ヨセミテ（エルキャピタン・リボン滝、夜の虹滝）泊〜（ハーフドーム、ブライダルベール滝、ヨセミテ滝）泊〜（センチネル滝、セコイアの森）泊〜（サンルイス・オビスポ〜サンタバーバラ）〜ベンチュラ泊〜サンタモニカ（ベンチュラ海岸、オレンジカウンティ）〜ロサンゼルス泊〜ロサンゼルス ⇨ 成田（機中泊）

ヨセミテ

アンセル・アダムスを追え

　写真愛好家なら、誰でもアンセル・アダムスという写真家を知っているだろう。アンセル・アダムスは1902年、サンフランシスコで生まれた。子供の頃から大自然に憧れ、12歳の時に、学校を飛び出した。以後、自然保護団体に入り、登山家になった。

　その時、写真を撮ることを覚え、シエラネバダ山脈を登っては撮影した。これらの写真は、まだ人の手が入っていないアメリカの国立公園の記録として、環境問題への注目のきっかけになった。

　アンセルはアメリカの最高の権威であるアメリカ芸術アカデミーの会員に推挙され、1980年には文民が受ける最高の名誉とされる大統領自由勲章を受章した。そのアンセル・アダムスが1944年に撮ったヨセミテの一枚のモノクロ写真が、サザビーのオークションで日本円で3000万以上の値がついたことは有名だ。私も、この時、アンセル・アダムスと同じ場所に立った感激で、胸がいっぱいになった。

Aosta イタリア
アオスタ

イタリア北西部アオスタ市内。古代ローマ時代の数々の遺跡や中世の雰囲気を残す建物が数多く有り「アルプスのローマ」と言われる

アオスタ渓谷のコーニュ村。4つ星ホテル BELLEVUE より
グラン・パラディソ4061mを望む

モンテ・ビアンコ（モンブラン）4811m

聖ベルナール像。グラン・サン・ベルナール峠はスイスとイタリアの国境にあり古代ローマより山越えの要所。ナポレオンも通った峠。ダヴィッド作「ベルナール峠からアルプスを越えるボナパルト」は立ち上がった馬上のナポレオンの姿が有名。また紀元前にはハンニバルと象が通った。セント・バーナード犬のゆかりの地（右）

世界史に何度も登場するガリア地方における最古の街道。ローマが建設した街道の一つ。ローマとピレネー山脈を結ぶ。かつてカルタゴの将軍ハンニバルがローマ攻略時に用いたルートとも言われている

イタリアとスイスの国境にそそり立つ
雨上がりのモンテ・チェルヴィーノ（マッターホルン）4478ｍ。
世界で最も美しい山のひとつ

Torino イタリア
トリノ

サン・カルロ広場は「トリノの客間」と呼ばれ、16世紀にイタリア統一を果たし、トリノを発展に導いたサヴォイア家エマヌエーレ2世の騎馬像がある

イタリア王となったサヴォイア家のマダマ宮殿内の秘宝（右）

イタリア（アオスタ）
2009（平成21）年6月19日～29日

成田 ⇨ 中国（香港）⇨ イタリア（ミラノ）（大聖堂、ギャレリア）泊～ヴァッレ・ダオスタ州（アオスタ）泊～コーニェ（ホテルBellevueからグランパラデーソを望む）泊～クールマイユール（モンテ・ビアンコ、トウイル）泊～グラン・サン・ベルナール峠泊～モンテ・チェルビーノ、レイクブルー）泊～トリノ（サヴォイア家の王宮）泊～ローマ ⇨ 成田（機中泊）

チーズ工場内部

おいしいチーズ・フォンデュはいかが？

アオスタで、チーズ工場を見学することになった。

どうせ、コンピューターで管理された近代的な工場だと思って中に入って驚いた。なぜなら、工場は岩を繰り抜いた洞窟の中にあったからだ。

聞けば、「フォンティナチーズ」と呼ばれる、チーズ・フォンデュのための特別なチーズを製造しているとのこと。この地独特の植物群を食べさせた乳牛のミルクを原料にしているために、天然の冷蔵庫である岩窟内を工場にしているという。

チーズ・フォンデュと言えば、アツアツの鍋にチーズを溶かし、串やフォークで刺したパンなどに熱いチーズをつけ、その甘く、軟らかく、とろけるような味を楽しむ料理。

ひと口、口に入れたあとで、ワインを飲めば、まろやかな山のチーズの甘い味と渋いワインの感触が口全体に広がって……。

ああ、ダメだ。夜が待ち遠しい。

Oslo
オスロ　ノルウェー

オスロを代表する名園、フログネル公園

フログネル公園の素晴らしい彫刻の群れが迎えてくれた

ノーベル平和賞の授賞式の模様

芸術的な内部で有名なオスロ市庁舎ホール

旅の途中で見かけたモダンな住宅が建ち並ぶ美しい村

ノルウェー最大のソグネフィヨルド。全長204km、標高1700mを超える山々が連なり水深が1308mに及ぶ。山岳鉄道やフェリーを乗り継いで変化にとんだ旅が楽しめる

スターヴ教会。ヴァイキングに代表されるノルウェー木造技術の伝統を継承し、自然との調和が美しい

Bergen ノルウェー
ベルゲン

ヴォーゲン湾に面したベルゲンのブリッゲン地区はノルウェー語で埠頭という意味。14世紀ハンザ同盟時代ドイツ人街だった地区。現在ではカラフルで三角屋根の奥行の深い家々が並ぶ

世界遺産 WORLD HERITAGE

Helsinki フィンランド
ヘルシンキ

テンペリアウキオ教会（ロックチャーチ）の天井。
小さな岩山をくりぬき、地下に造られている天窓か
らこぼれる自然の光が神々しい

ヘルシンキ大聖堂はキリスト教ルーテル派の総本山。
ヘルシンキの街のシンボル

フィンランドを代表する作曲家シベリウスの名を冠した公園は彼の80歳の誕生日を記念して造られた

シベリウスの森。彼の肖像彫刻と森の樹をイメージしたステンレスパイプの巨大なモニュメント

Stockholm スウェーデン
ストックホルム

ノーベル賞受賞者のディナー用食器

ノーベル賞受賞者が記念にイスの裏にサインする

世界遺産 WORLD HERITAGE

ストックホルム郊外にあるドロットニングホルム宮殿は「北欧のヴェルサイユ」と呼ばれている。手入れの行き届いた庭園、宮廷、劇場、中国離宮がある。絵画のように美しいバロック様式の城。現スウェーデン王室が使用している

北欧（デンマーク、ノルウエー、フィンランド、スウェーデン）

2009（平成21）年8月3日〜12日

成田 ⇒ デンマーク（コペンハーゲン）⇒ ノルウェー（オスロ）泊〜（市内、フログネル公園、国立美術館）〜フロム泊〜（ソグネ・フィヨルドクルーズ）泊〜（フロム鉄道）〜ボオス〜（ハダンゲル・フィヨルド）泊〜ベルゲン（市内、ブリッゲン地区）⇒ デンマーク（コペンハーゲン）⇒ フィンランド（ヘルシンキ）泊〜（市内、テンペリアウキオ教会、大聖堂、バルト海クルーズ）船中泊 ⇒ スウェーデン（ストックホルム市内、ドロットニングホルム宮殿、ノーベル博物館、フィルヤガータン展望台）泊 ⇒ デンマーク（コペンハーゲン）〜（クロンボー城、フレデリクスボー城）泊〜（市内、ストロイエ、人魚姫の像、アマリエンボー城）⇒ 成田（機中泊）

ムンク展のポスター

ムンクは何を叫びたかったのだろうか

　ノルウエーを代表する画家は、エドヴァルト・ムンクだ。

　旅の途中で、ムンク展のポスターに出会った。気になったので、ちょっと調べてみた。

　ムンクは1863年、ノルウエーのロイテンというところで生まれている。5歳で母を、14歳で姉を亡くしている。17歳で王立絵画学校に入学し、画家になったものの、その評価は著しく低かった。

　一念発起してパリに留学したものの、特に成果もなく、ドイツに行く。そして、人生に悩みながら、安宿を転々とした。その時に描かれたのが、「叫び」であった。やがて、ムンクは精神病院に入院する。

　街角で出会った一枚のポスターが、私をムンクの世界へと導いてくれた。私は、感謝の気持ちを込めてレンズを向けた。

　ムンクさん、ありがとう。

Sicilia イタリア
シチリア

霧のサン・ジュリアーノは標高751mの山頂の霧の多い街、柑橘類栽培に最適で温暖な気候とエトナ山の火山灰で肥沃な土壌に恵まれている。ブラッドオレンジマーマレードが有名

アカデミー賞を受賞した「ニューシネマパラダイス」の撮影地。シチリア島チェファルの海岸の街並み

旧市街の中心、チェファル大聖堂。12世紀のシチリアノルマン様式、聖堂内部は壮大なモザイクで飾られている

パレルモ観光に欠かせないモンレアーレ大聖堂。主身廊上部のモザイク装飾は世界一。イタリア国内最大規模のビザンチン式。聖書の物語が描かれていた

マルサラ・モッツィア島近くのトラパーニ塩田。シチリア島トラパーニの夕暮れは旅人の心を感傷的にする。塩田博物館もある

階段の蹴込み(スカーラ)。動物や植物をモチーフにし、142段全て異なるデザイン

サンタ・マリア・デルモンテ(大聖堂)の大階段。カルタジローネは陶器の生産地として昔から知られ、マヨリカ焼、テラコッタ陶器で有名。この階段をはじめ、橋や道路、家のバルコニー、街灯、教会のドームなど至る所にマヨリカ焼が施されている

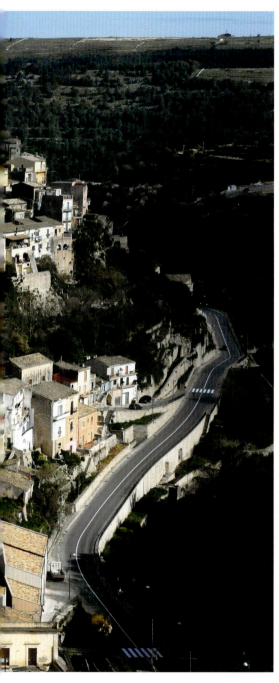

シチリア島南部、聖ルチア教会のテラスから見たラグーザ・イブラの旧市街

世界遺産 WORLD HERITAGE

シチリア島北東部の港町、メッシーナ。東側の基点の門からメーンストリートのウンベルト一世大通りが続いている

イタリア（シチリア島）

2010（平成22）年2月22日〜3月1日

成田 ➡ イタリア（ローマ）〜シチリア島（パレルモ）泊〜（チェファル、モンレアーレ）泊〜（エリチェ、トラパニ、マルサーラ）泊〜（エンナ、モディカ、カターニャ）泊〜（ヴァル・ディ・ノート、カルタジローネ、ラグーザ）泊〜（フォルツァダグロ、タオルミーナ）泊〜ローマ ➡ 成田（機中泊）

シチリア島　エトナ山

太陽とオリーブの島から

お元気ですか。

いま、私はイタリアのシチリア島にいます。

シチリアは観光パンフレットを見ると、「太陽とオリーブの島、アーモンドの白い花が咲き誇り、オレンジが実る島」と書かれていますが、来てみると、長く、大きな歴史に包まれたような感じがします。

島全体に古代ギリシャ、カルタゴ、ローマ、アラブ、ノルマンなど次々とこの島を征服した各時代の文化がいまも息づいている歴史の宝庫です。

シチリア州の州都パレルモには、ご存知の「ゴッドファーザー」の映画撮影にも使われた劇場があり、昨日、見てきました。

今日はこれから陶器の生産地カルタジローネの見学です。

ああ、添乗員からの集合の合図がかかりました。とりあえず、ペンを置きます。そうそう、お土産は、美しいマヨルカ焼の皿に決めました。楽しみに待っていてくださいね。CHAO！

Vancouver カナダ
ヴァンクーヴァー

オリンピック聖火台。ヴァンクーヴァーで2010年2月に開催された冬期オリンピックの聖火台。4本の柱が起き上がって点火する予定が3本しか上がらず、別の場所に設置されていた聖火台に点火した。その聖火台がヴァンクーヴァーのダウンタウン内に残されている

ダイヤモンド・プリンセス。イギリス船舶会社のP&Oが所有。日本の長崎で建造された外航クルーズ船

デナリ山を望む。ここ一帯は北米大陸の最高峰デナリ山（マッキンリー）6190mを擁する国立公園。晴れて山が見えるのは珍しいと地元の人たちが教えてくれた

1984年2月、下山時に遭難した植村直己の墓碑が公園内にある

氷河の崩壊。氷河が海に崩落する瞬間は物凄く雷鳴のようなバリバリという音がして不気味

アラスカ氷河クルーズ
2011（平成23）年6月10日〜22日

成田 ➡ カナダ（ヴァンクーヴァー）（市内、スタンレーパーク、グランビルアイランド、ギャスタウン）泊〜（ダイヤモンド・プリンセスに乗船）船中泊〜（終日クルージング）船中泊〜スキャグウェイ（ホワイトパス列車で1,000mの絶景渓谷の旅）船中泊〜ケチカン（木こりショー）船中泊〜ジュノー（メンデンホール氷河）船中泊〜グレイシャー・ベイ（終日クルージング）船中泊〜カレッジフィヨルド（終日クルージング）泊〜（デナリ国立公園）〜タルキートナ（アラスカ鉄道）〜アンカレッジ泊〜ヴァンクーヴァー泊 ➡ 成田（機中泊）

グレイシャー・ベイ

ダイヤモンド・プリンセスに乗船して

　船に乗ってのフィヨルド見学は、写真撮影目的の私にとっては、最高の条件だ。この日も、船がフィヨルドに近づくたびに、シャッターをきりつづけていた。

　私の乗った船を紹介しておこう。名はダイヤモンド・プリンセス号。船籍はイギリスだが、建造されたのは、日本の三菱重工長崎造船所である。総トン数、115875トン。乗客定員2706人、巡航速度22ノット。日本で建造された最大の客船である。

　だが、この船の最大の特徴は、その大きさとか豪華さではない。

　食べ残しなど船内の廃棄物を一切海に流さないよう廃物処理装置が船内に備えられているほか、ガスタービンとディーゼルを組み合わせた発電機を準備するなど、地球環境に配慮した設計になっていることだ。

　甲板に出てみると、フィヨルドが近づいてきた。

　さあ、撮るぞ。もっと近寄って！　ダイヤモンド・プリンセス。

Giverny フランス
ジヴェルニー

印象派の巨匠モネの庭園。睡蓮の池の中でも最も野趣あふれる一隅。奥の小さな橋は観光客で一杯

フランス西部ルーアンのまち。
夕方鳥(何という鳥か不明)の群れで空を覆う

Honfleur フランス
オンフルール

ノルマンディー地方のセーヌ河口にある小さな町オンフルール。旧港の風景は印象派の絵画の題材ともなっている。木組みの家の街並みと港のヨットが絵になる。パリから2時間

Mont Saint-Michel フランス

モン・サン・ミッシェル

モン・サン・ミッシェル。海に浮かぶ岩山に礼拝堂を建てたのが始まりで、やがて海に屹立する「天空の大修道院」として多くの信仰を集めるまでになった

ライトアップされたモン・サン・ミッシェル

シャンボール城。フランソワ1世の狩猟用の離宮。ロアール渓谷流域の古城のうち最大の規模を誇る

世界遺産 WORLD HERITAGE

 フランス

パリで一番高い丘モンマルトルの丘。田舎風情の残っていた
モンマルトルに画家たちがこぞって集まった芸術の街

喫茶店の前でアーチストが自分の作品を並べて描いているところをのんびりと眺めている人々

セーヌ川クルーズ。ライトアップされたパリの夜景はロマンチックだ

エッフェル塔の脚の間のイルミネーションはなに？

フランス
2011（平成23）年8月30日〜9月5日

羽田 ⇨ フランス（パリ）機中泊〜ジヴェルニー（モネの家）〜ルーアン泊〜オンフルール（旧港、サン・カトリーヌ教会）〜モン・サン・ミッシェル泊〜ロワール地方（シュノンソー城、シャンボール城）〜パリ泊〜（サクレクール寺院、モンマルトルの丘、エッフェル塔、セーヌ川ディナークルーズ）泊〜パリ ⇨ 羽田（機中泊）

海水が入りこんだモン・サン・ミッシェル内

もしもし、溺れますよ

　モン・サン・ミッシェルは修道院で、ヨーロッパ最大の巡礼地だとばかり思い込んでいたが、かつて、時には要塞だったり、監獄だったりした時代もあったと聞いて驚いた。

　なるほど、湾の満潮時には、ここはすっぽりと海に浮かぶ孤島になってしまう。これなら、敵が攻めて来られないし、また、逃げ出すこともできない。

　私が宿泊した日は、まさに満潮の日で、前哨門までどんどん潮が満ちて来て、島から外に出られなくなってしまった。

　それなのに、何か急な用事を思い出したのだろうか。あるいは、ツアーの仲間とはぐれたことに気づいたのだろうか。ひとりの高齢の外国人観光客が、門までどんどん海の水が満ちてくる中を、歩いて出ようとしていた。誰も止めようとはしない。

　もしもし、気をつけて。溺れますよ。

Barcerona スペイン
バルセロナ

世界遺産 WORLD HERITAGE

池に映ったサグラダファミリア。アントニ・ガウデイが生涯かけて設計・建築に取り組んだ建物。完成に300年かかるといわれていたが、近年ガウデイ没後100年の2026年に完成予定となった

内陣

受難のファサード

サグラダファミリア内部。ふと見上げると、太い柱に夕日に照らされたステンドグラスの模様が美しかった

ガウディ作グエル公園

ガウディが手掛けた邸宅。カサ・バトリョ。
カサはスペイン語で家、邸宅を意味する

Avignon フランス
アヴィニョン

ポン・デュ・ガール。2000年前のローマ時代に建設されたカルドン川に架かる水道橋。水路は50kmにおよぶ

世界遺産 WORLD HERITAGE

アヴィニョンの跳ね橋。
悲劇の作家ゴッホが描いたことで有名。
近くにその絵に関する説明がなされていた（右上）

Marseille フランス
マルセイユ

マルセイユ港の門。紀元前600年のフォカイヤ人が港を開いた。そのモニュメント

天井が鏡張りの雨よけ。逆立ちしてみてください

Monte Carlo モナコ

モンテカルロ

モナコ大聖堂内の照明。
時間で色が変わる

モナコ大公宮殿（グランアパルトマン）はモナコ港を見下ろす旧市街（モナコーヴィル）の上に建っていた

南欧3か国（スペイン、フランス、モナコ）
2013(平成25)年3月6日～13日

成田 ➡ フランス(パリ) ➡ スペイン(バルセロナ)(泊)～(サグラダ・ファミリア、グエル公園、サン・パウロ病院)(泊)～フランス(カルカソンヌ)(コムタル城、サン・ナザール聖堂)～アヴィニヨン(泊)～(ポン・ジュ・ガール、アルル、円形闘技場、ゴッホのモデルのカフェ、跳ね橋、法王庁宮殿、サン・ベネゼ橋)(泊)～エクス・アン・プロバンス(セザンヌのアトリエ、サン・ソヴール寺院、カテドラル)～マルセイユ～コートダジュール～モナコ(モンテカルロ)(泊)～(モナコ大聖堂)～フランス・鷹の巣村エズ(泊)～ニース ➡ 関西空港(機中泊)～東海道新幹線で東京へ

モナコ大聖堂霊廟内
グレース・ケリー墓所

グレース・ケリーよ、永遠なれ

　モナコの大聖堂に入った。

　モナコ公国大公レーニエ3世とハリウッド女優、グレース・ケリーが世紀の結婚式を挙げた白亜の教会である。

　ふたりはカンヌ映画祭で知り合い、1956年4月19日、この教会でカトリック式の挙式を行い、その模様はヨーロッパ各国に生中継されたという。

　だが1982年9月13日、自らローバー3500のハンドルを握って南フランスの別荘からモナコに戻る途中、脳梗塞を発症し、そのまま車は崖を40ｍ落下し大破。美貌の王妃は、52歳の人生の幕を閉じた。

　私は、目に見えない何かに誘われるように教会の奥へと進んだ。聖堂の奥には、歴代モナコ大公とその一族の霊廟があった。

　モナコ公国レーニエ大公妃グレース・ケリーもこの聖堂の墓所で何事もなかったように眠っている。この日も、花が絶えることはなかった。

モナコの港が広がる街並。街の道路にはF1レース時のスタートラインが残されている

シャルル・ド・ゴール空港は大雪で滑走路も積雪で一時発着できなかった

ニースからパリへの旅の途中、山々の冠雪がまぶしかった。

通貨物語

5フラン（スイス）　2.5ギルダー（オランダ）　2カナダドル（カナダ）　10ペンス（イギリス）　50セント（タスマニア）

1ソル（ペルー）　2マルク（ドイツ）　25ペセタ（スペイン）　20コルナ（チェコ）

50ルピー（ネパール）　100フォリント（ハンガリー）　1フラン（フランス）　500リラ（イタリア）

旅に、お金は欠かせない。
カード全盛の時代だと言っても、
チップや雑貨を買う時にその国の通貨は必要だ。
ユーロになる前のヨーロッパは、楽しかった。
一つの国を一泊ずつするツアーに参加しようものなら
毎日、両替しなければいけなかった。
そのため、必ずと言っていいほど、各国の通貨が手元に残った。
ポンド、フラン、マルク、リラ、ペセタ……
オランダはギルダー、オーストリアはシリング
そして、ギリシャの通貨は、なんとドラクマだった。
しかし、ほとんどユーロに統一された国々の硬貨でも
コインの裏の模様がちがうのをご存知だろうか。
ドイツは鷲、イタリアはダヴィンチの人体図、
ヴァチカン市国はローマ法王、オーストリアはモーツアルト。
今度、旅をしたら、よく見てごらん。
国によって、旅の友が異なるのがよくわかるから。

5圓（中国）

500フォリント(ハンガリー)

10ルピー(パキスタン)

10トゥグルグ(モンゴル)

100ルーブル(ロシア)

100圓(台湾)

5ドル(オーストラリア)

50クローネ(ノルウェー)

10ドル(香港)

一枚の紙片から

旅行バッグのなかから
世界的に有名な美術館の入場券がひょっこり出てきた。
たった一枚の紙片から、素晴らしかった名画が浮かんできた。
スーツケースの下から
名もないレストランのコースターが顔を出した。
わずか一枚の紙片から、おいしかったビールの味を思い出した。
コレクターでもない
記録魔でもない
私がなぜ、入場券を、コースターをずっと持っていたのだろう。
それは、写真にも写しきれなかった旅の思い出を
いつまでも自分の心に残しておきたかったにちがいない。
名画を見た感動は、写真に写らない。
喉を鳴らして飲み切った冷たいビールの味は、レンズでは見えない。
たった一枚の紙片から
私の旅の記憶が、鮮明に蘇ってきた。
ああ、懐かしい。あの頃、私は若かった。

①

②

③

④

⑤

⑥

① ドイツ　ビアレストラン　コースター
② ニューカレドニア　海上レストラン　ガイド
③ イタリア　Hotel Restaurant La Barme　カードキー
④ フランス　モネ美術館　入場券
⑤ カナダ　PRINCESS CRUISES　プリペイドカード
⑥ イタリア　ヴェネツィア市立美術館　入場券
⑦ オランダ　ヴァン・ゴッホ美術館　入場券
⑧ ドイツ　ニュンフェンブルグ博物館　入場券
⑨ スペイン　セヴィリア大聖堂　入場券
⑩ ロシア　エルミタージュ美術館　入場券
⑪ スペイン　コルドバ大聖堂　入場券
⑫ 日本国国際免許証
⑬ アメリカ　CIRCUS CIRCUS　カードキー

放浪と旅のちがい

金子光晴(1895-1975)の詩「ニッパ椰子の唄」の中に

帰らないことが
最善だよ。
これ、放浪の哲学。

と書かれている。
そうなのだ。
放浪とは、一筆書きのように、いったん家を出たら
同じところに留まることなく
死ぬまであてもなく、果てしなく歩み続けることをいうのだ。
では、旅とはなんだ。
そうだ。旅は、幸いにも、帰るところがあるということだ。
私は日本を出て、日本に、いや、わが家に確実に戻ってきた。
だから、いま、私がここにいる。
帰ることが最善だ。
その証拠を私は、パスポートで確かめてみている。

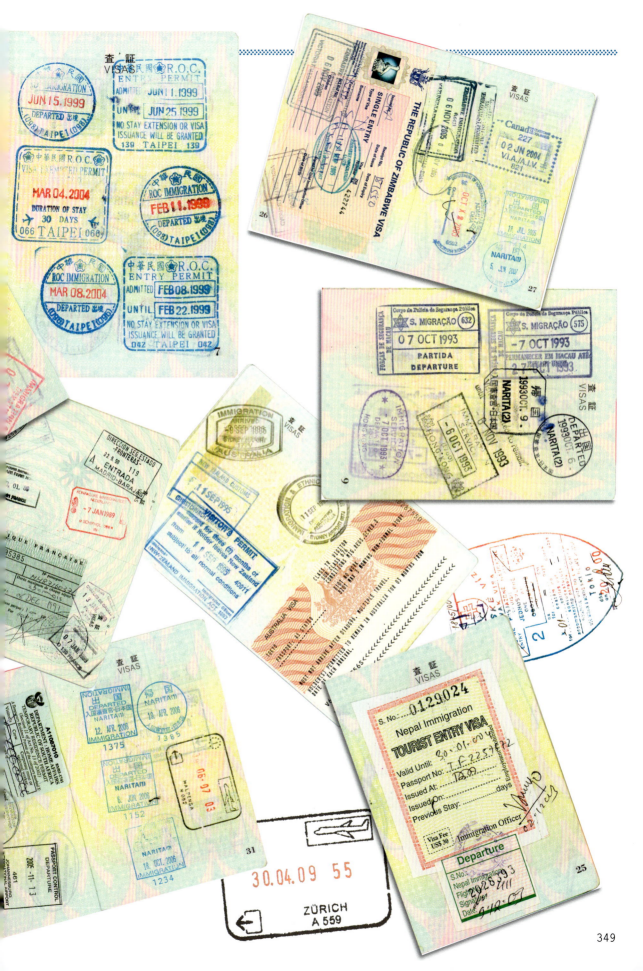

「初めてのまち」索引 (五十音順)

ア
- アオスタ(イタリア) ……… 277~283
- アッシジ(イタリア) ……… 206~207
- アヴィニョン(フランス) ……… 334
- アムステルダム(オランダ) ……… 245~247
- アメデ島(ニューカレドニア) ……… 260~261
- 阿里山(台湾) ……… 039~040
- アルデンヌ(ベルギー) ……… 248~249
- アルベルベッロ(イタリア) ……… 146~147
- イスラマバード(パキスタン) ……… 115~117
- ウィーン(オーストリア) ……… 090~093
- オアフ島(アメリカ) ……… 063~065
- オスロ(ノルウェー) ……… 287~292
- オーデンセ(デンマーク) ……… 242~243
- オンフルール(フランス) ……… 317

カ
- カウアイ島(アメリカ) ……… 067
- カトマンズ(ネパール) ……… 109~111
- カプリ(イタリア) ……… 148~149
- 花蓮(台湾) ……… 069
- 九寨溝(中国) ……… 201~203
- グアム(アメリカ) ……… 107
- クイーンズタウン(ニュージーランド) ……… 042~046
- クライストチャーチ(ニュージーランド) ……… 047~051, 188
- クライネ・シャイデック駅(スイス) ……… 024
- グラナダ(スペイン) ……… 263
- グランド・キャニオン(アメリカ) ……… 228~230
- ケープタウン(南アフリカ) ……… 172~175
- 黄龍(中国) ……… 200
- コペンハーゲン(デンマーク) ……… 236~241
- コルチナ・ダンペッツオ(イタリア) ……… 193
- ゴールドコースト(オーストラリア) ……… 030~031
- コルドバ(スペイン) ……… 264~267

サ
- ザイオン(アメリカ) ……… 227
- サイモンズタウン(南アフリカ) ……… 176~177
- ザルツカンマーグート(オーストリア) ……… 198
- サンクトペテルブルク(ロシア) ……… 251~257
- サン・ジミニャーノ(イタリア) ……… 209~210
- 三仙台(台湾) ……… 070~072
- ザンベジ川(ジンバブエ) ……… 170~171
- シエナ(イタリア) ……… 208
- シチリア(イタリア) ……… 299~307
- シドニー(オーストラリア) ……… 027~029
- ジヴェルニー(フランス) ……… 315~316
- 上海(中国) ……… 061
- シャンボチェ(ネパール) ……… 081
- ジュネーヴ(スイス) ……… 004~006
- 深圳(中国) ……… 034~035
- ストックホルム(スウェーデン) ……… 296~297
- 西安(中国) ……… 058~060
- セヴィリア(スペイン) ……… 268~269
- ソグネフィヨルド(ノルウェー) ……… 292
- ソレント(イタリア) ……… 150~151

タ
- 台東(台湾) ……… 183
- 高雄(台湾) ……… 184~186
- タスマニア(オーストラリア) ……… 130~134
- ダマン(ネパール) ……… 082~083
- チェジュ(韓国) ……… 102~105
- デスヴァレー(アメリカ) ……… 223~225
- トリノ(イタリア) ……… 284~285
- ドロミテ(イタリア) ……… 193~196
- トロント(カナダ) ……… 121~125

ナ
- ヌメア(ニューカレドニア) ……… 259

ハ
- バイエルン(ドイツ) ……… 160~163
- 八達嶺(中国) ……… 056~057
- ヴァチカン市国 ……… 014~015, 142~145
- バドガオン(ネパール) ……… 112~113
- パリ(フランス) ……… 008~009, 322~325, 340~343
- ハルシュタット(オーストリア) ……… 197
- バルセロナ(スペイン) ……… 327~333
- ハワイ島(アメリカ) ……… 066
- ヴァンクーヴァー(カナダ) ……… 309~313
- ヴィクトリア滝(ジンバブエ) ……… 167~169
- ピサ(イタリア) ……… 211
- ヴュルツブルク(ドイツ) ……… 164~165
- ピラネスバーグ(南アフリカ) ……… 180~181
- フィレンツェ(イタリア) ……… 212~213
- フェアバンクス(アメリカ) ……… 078~079
- ブダペスト(ハンガリー) ……… 098~100
- フホホト(中国 内モンゴル自治区) ……… 217~221
- ブライス・キャニオン(アメリカ) ……… 226
- ブラチスラヴァ(スロバキア) ……… 096~097
- プラハ(チェコ) ……… 094~095
- フランクフルト(ドイツ) ……… 159
- フンザ(パキスタン) ……… 118~119
- ヘイズ湖(ニュージーランド) ……… 191
- 北京(中国) ……… 053~055
- ヴェネツィア(イタリア) ……… 152
- ベルゲン(ノルウェー) ……… 293
- ヘルシンキ(フィンランド) ……… 294~295
- ヴェローナ(イタリア) ……… 214~215
- 澎湖島(台湾) ……… 085~088
- 香港(中国) ……… 033
- ポンペイ(イタリア) ……… 016~017, 156~157

マ
- マウント・クック(ニュージーランド) ……… 189
- マウント・セフトン(ニュージーランド) ……… 190
- マカオ(中国) ……… 035
- マテーラ(イタリア) ……… 153
- マドリード(スペイン) ……… 025
- マルセイユ(フランス) ……… 335
- ミラノ(イタリア) ……… 154~155
- モッセル・ベイ(南アフリカ) ……… 178~179
- モン・サン・ミッシェル(フランス) ……… 318~319
- モンテカルロ(モナコ) ……… 336, 338~339
- モントリオール(カナダ) ……… 126~128

ヤ
- ユングフラウヨッホ(スイス) ……… 018~019
- ヨセミテ(アメリカ) ……… 271~273

ラ
- ルツェルン(スイス) ……… 022
- ロサンゼルス(アメリカ) ……… 274~275
- ローマ(イタリア) ……… 205
- ロンドン(イギリス) ……… 011~013

旅の終わりに

　昨年、私は、なんと7回目の年男で84歳を迎えました。

　それを機に、これまでの自分の海外旅行中に撮った写真をまとめようと思い立ったまではよかったのですが、実は、これが遅々として進みませんでした。

　それもやむを得ないでしょう。なぜなら、私の海外への旅は、平成元年から25年間、世界40か国、50回に及び、延べ373日間にもわたっていたからです。

　そして、その1日1日の懐かしい思い出の写真が山積されて残っていたからです。

　それでも、何とかまとめたいという強い意志で、膨大な数の写真の中から、なんとか1回1回の旅ごとに整理し、半年かかってようやく方向が見えてきました。

　そこで、それでもまだ捨てきれない数かぎりない写真のデータを出版社に持ち込み、ようやく、本格的な写真集制作がはじまった時は、すでに木の葉が黄色や赤に色づく季節になってしまっていました。

　それからは何度も写真をチェックし、編集方法を検討し、文章を書いたり、忙しい毎日が続きました。

　こうしてついに、私なりの旅の写真集が完成したのです。

　選んだ写真は、皆さんが見慣れたメジャーな風景をできるだけ省き、旅で出会った瞬間の不思議な光景、ユニークな人々、あるいは変わった角度から撮った観光地などを多用することにしました。

　また、いつ、どのような旅をしたのかもわかるように、旅程も入れ、エピソードも書き、さらに、各画像にもキャプションをつけることにしました。

　旅は、さまざまな風俗や文化に接することができるのはもちろんのこと、思わぬハプニングにも出会い、人生を豊かに彩りますし、何より楽しいものです。

　タイトルは「初めてのまち　出会いの瞬間」としました。

　初めて出会った風景や人々との感動を残したかったからです。世界遺産も数多く見学しましたので、マークをつけてありますから、参考にしてください。

　この写真集をごらんになったあと、ぜひ皆さんで旅の楽しさを語り合っていただけたら、こんなうれしいことはありません。

　最後に、本書出版に関してお力添えをしてくださったアートディレクター森谷聡さん、エディター小田豊二さん、デザイナー安藤紘代さん、そして遊人工房の森谷忠義さんたちのご尽力なくして完成はなかったものと思っております。この場を借りて心より御礼申し上げます。

平成29年2月

椎名　琥

● 略歴
椎名　雄（Takeshi Shiina）
昭和7年2月28日　茨城県日立市に生まれる。
昭和24年4月より昭和39年8月まで、東京都港区三田綱町の渋沢敬三邸に在住。渋沢敬三先生に師事。（入邸当時17歳）麻布高校から立教大学へ。
昭和33年1月　生化学工業株式会社入社。
昭和63年6月　人事部長、総務部長を経て、同社常務取締役。
平成10年6月〜平成12年6月、同社顧問。
平成7年6月〜平成10年6月、日本経営者団体連盟常任理事。
平成11年12月〜平成20年4月、東京メディカルサプライ株式会社設立。代表取締役。

● 趣味
平成11年より写真教室に入り、写真を基礎から勉強し、平成17年より世界遺産を主体として海外の世界遺産を撮り歩き、その数40数ヶ国に及ぶ。
専門領域　世界遺産・国立公園・文化都市

● 作品掲載図書名
世界遺産ビジュアルハンドブック　　イタリアⅠ　　18点
　　　〃　　　　　　　　　　　　　イタリアⅡ　　16点
　　　〃　　　　　　　　　　　　　ドイツⅠ　　　11点
柏葉拾遺　　　　　　　　　　　　　　　　　　　35点
渋沢敬三没後50年　企画展
図録　祭魚洞祭『さいぎょどうまつり』　　　　　32点
Web上の個展会場「神聖な領域」　www.gallery-photo.com

● 著書
しいちゃんくらぶ　2002.11
祭魚洞　渋沢敬三　5315日の記録　2013.8

● ご指導頂いた方々（五十音順）
織作峰子　大阪芸術大学写真学科教授
熊切圭介　公益社団法人日本写真家協会会長
小林　弘　ヒロ・トラベルフォト代表取締役
小泉澄夫　世界写真フォーラム主宰
佐々木崑　日本自然科学写真協会名誉会長（1918〜2009）
平川嗣朗　公益社団法人日本写真協会顧問

● 知友の写真家
大高　明　大高写真事務所
椎名　誠　作家、エッセイスト、写真家、映画監督
千葉克介　フォトライブラリー「黎明舎」
濱谷　浩　写真家（1915〜1999）

● 現住所
〒157-0071　東京都世田谷区千歳台3-7-14
　　　　　　Tel・Fax 03-3482-4805

初めてのまち　出会いの瞬間

● STAFF
AD　　　Editor　　Designer　　PD　　　Production
森谷　聡　小田豊二　安藤紘代　森谷忠義　遊人工房

発行日　平成29年2月28日

著　者　椎名　雄ⓒ
　　　　しいな　たけし
発行所　遊人工房
　　　　〒141-0001
　　　　東京都品川区北品川 5-6-16-605
　　　　TEL 03-5791-4391
　　　　FAX 03-5791-4392

ISBN 978-4-903434-84-1　C0026　¥10000E
ⓒ2017 Takeshi Shiina

＊本書に掲載された写真の一部を無断で転載・複製することを禁じます。
＊乱丁・落丁本はお取り替えいたします。

Printed in Japan
定価はカバーに印刷してあります。